中学校
・
高等学校

4技能

Listening Reading Speaking (interaction／production) Writing

5領域の
英語言語活動
アイデア

浅野雄大・芹澤和彦 編著

明治

ノウハウを否定しない

立命館小学校　　正頭　英和

　僕の教師修業の第一歩目は,「全国の有名な先生のノウハウを集めること」でした。

　本を買いあさったり,全国あちこちの研修会に参加したりと,なかなか必死でした。そんな僕の姿を見た先輩からは,

　「ノウハウではない。もっと大事なものがあるんだ。それは未来の生徒の姿を……」

という感じのありがたいご指導をいただきましたが,当時の僕は

　「生徒の姿?　それより明日の授業,何しよう……」

という思いがすごく強かったです。

　自分が理想としている生徒の姿をイメージなんて全くできませんでした。もちろん,キチンと生徒の未来の姿をイメージして,そこから逆算して授業を設計していくことは理想的です。ご指導いただいた先輩のメッセージはとても大切なものだと,頭では理解しています。ただ,当時の僕にはできなかったのです。

　僕が子どもの姿をイメージして,逆算で授業を設計できるようになったのは,ノウハウが一定数溜まってきた時期でした。

　「Aという方法とBという方法が自分の手持ちのネタとしてあるけど,どちらのほうが有効なんだろう?」

と迷う場面が生まれたとき,初めて

　「自分は生徒たちにどんなふうに成長してほしいのだろう」

という思いが生まれました。

　Aという方法しか持っていない時期であれば，迷うことなくAを使っていました。A以外の方法を知らないから当然です。Aすら持っていないときは，「Aはどこだ？？」と必死で探していました。ノウハウが溜まり選択肢が生まれたことによって，はじめて「目的地はどこなんだっけ？」となったのです。

　もちろん，僕のようなケースはモデルケースではありません。むしろ順序が逆になってしまっている，よくないケースなのかもしれません。ただ，多くの先生が僕と同じような悩みに遭遇していることも，最近わかりました。教育を取り巻く環境はどんどん厳しく・難しくなっているので，「正論」だけでは乗り越えられない場面もたくさんあります。だから，僕はノウハウを集めることを否定しません。そこから見えてくる「教育」というものは絶対にあると思っているし，少なくとも僕はそうやってきました。

　ここに11人の先生方のノウハウが凝縮された本が出版されました。明日の授業に迷われている先生方，ぜひ本書を通じてノウハウを増やし，選択肢を増やし，そして生徒の未来の可能性を増やしてほしい。そんなふうに思っています。

はじめに

　本書は中学校・高校英語教師およびその志望者を対象とした，活動アイデア集です。新学習指導要領の内容に基づき，「4技能5領域」を効果的に指導するための活動を多数紹介しております。

　私や共編著者である芹澤和彦先生のほか，全国の9名の先生方からおすすめの活動アイデアをご紹介いただき，それらを領域ごとに分類して1冊の本としてまとめました。

①「聞くこと」
②「読むこと」
③「話すこと（やり取り）」
④「話すこと（発表）」
⑤「書くこと」

の順番で活動を掲載していますので，目次や著者紹介を参考に，興味のある箇所から読み進めてみてください。これから「4技能5領域」を指導していくに当たって，ヒントとなる活動やアイデアがきっと見つかるはずです。

「4技能」から「4技能5領域」へ

　中学校・高等学校の外国語新学習指導要領において，国際的な基準（CEFR）を参考に，「4技能」が「4技能5領域」へと変更になりました。これまでの「話すこと」が「やり取り」と「発表」に細分化され，「①聞くこと／②読むこと／話すこと（③やり取り・④発表）／⑤書くこと」というように新たに5つの領域で目標が設定されることとなりました。

前述の変更を受け，中学校・高等学校では新たに４技能５領域を「総合的に指導」することを求められるようになりました。中学校では令和３年度から全面実施，高等学校では令和４年度から年次進行で実施予定となっています＊。

「４技能５領域」に対応した活動集

　しかし，「総合的に指導」とは言うものの，先生方の中にも５領域で得意な分野・苦手な分野はあるかと思います。また，普段の指導で特定の領域に偏っている方も多いのではないでしょうか。私もある程度自信を持って指導できる領域がある一方で，苦手な領域もあります。

　そこで全国の先生方からおすすめの活動を持ち寄り，「４技能５領域を総合的に指導するための活動集」をつくりたいと考え，本書の執筆に至りました。先生方も得意分野はもちろんのこと，普段あまり積極的に取り組んでいない分野の活動にもぜひ目を通してみてください。「あの領域の指導をどうしよう……」という悩みを解決してくれる活動が多数紹介されています。

理論と実践，どちらが大切か

　実践の話になると，「その背景にある理論が大事だ」という意見をよく耳にします。理論はもちろん大切です。しかし，多忙な先生方にとって，短時

＊詳しくは，「外国語教育の抜本的強化のイメージ」（文部科学省：平成29年度英語力評価及び入学者選抜における英語の資格・検定試験の活用促進に関する連絡協議会（第１回）配付資料　資料3 学習指導要領の改訂等について）および「今後の学習指導要領改訂に関するスケジュール」（文部科学省：学校施設の在り方に関する調査研究協力者会議（平成28年度～）（第8回）・高等学校施設部会（令和元年～）（第１回）合同会議　配付資料　資料7　新学習指導要領について）をご参照ください。

間で気軽に読める活動集のニーズは大きいと考えます。また，優れた実践というのは意識的・無意識的にせよ何らかの理論や信念に基づいていることがほとんどです。紙幅の関係で活動内容の紹介が中心ですが，掲載されている活動はすべて先生方の理論や信念に基づいた実践ばかりです。

　理論と実践，どちらも大切なことは言うまでもありません。理論から実践，実践から理論。順序はどうであれ，大切なのは「理論と実践を行ったり来たりしながら，活動に意味づけをしていくこと」だと考えます。ここでの意味づけとは，「何のためにこの活動を行うのかを言語化できること」です。本書を読み進めていく中で，それぞれの実践の背景にある理論を読み取りながら活動に取り組んでいただけると幸いです。

答えは生徒の中にある

　この本を開いた先生方の中には，今まさに授業づくりに悩まれている方も多いかもしれません。どれだけ頑張っても，上手くいかないときは必ずあります。それでも試行錯誤を繰り返しながら「もがき続ける」ことで，状況が好転したり，その後の指導に活かされるときが必ずやってきます。

　迷ったときこそ，「生徒の声」を聞くべきだと考えます。「答えは生徒の中にある」です。上手くいかないときほど生徒の声を聞くのは怖いですが，そんなときほど改善のヒントが隠されています。

　本書で紹介している活動はあくまでも著者の先生方やその生徒にとっての「答え」であり，教室や子どもの数だけ「答え」は無数にあると思います。ぜひ目の前の生徒の実情に合わせて，本書の活動をアレンジしていただければと思います。先生方と生徒さんにとってよりよい授業に辿り着けることを心から願っています。「授業が変われば子どもは変わる」です。本書がその

一助になれば嬉しいです。

早く行きたければ一人で行け，遠くに行きたければみんなで行け

　アフリカのことわざで「早く行きたければ一人で行け，遠くに行きたればみんなで行け」という言葉があります。一人で物事に取り組めば時間的には早く終わりますが，できることやアイデアには限界があります。一方，みんなで取り組むと時間はかかりますが，より面白いものやアイデアが生まれやすいという考え方です。時間をかけてでも多くの先生方のアイデアを集結させることで，より面白い活動集になるのではないかという考えのもと，さまざまな先生方に声をかけて本書の出版に至りました。

　本書を通じて，授業中の先生方と生徒さんの笑顔が少しでも増えることを願っています。そして，先生方の中からさらに新たな実践が生まれることを願っています。みんなで遠くに行きましょう。本書が少しでも全国の先生方の指導の参考になれば，執筆者一同これほど嬉しいことはありません。

　最後になりましたが，本書を執筆するきっかけをくださった立命館小学校の正頭英和先生，ともに執筆させていただいた芹澤和彦先生ならびに全国の9名の先生方，いつもお世話になっている先生方と生徒のみなさん，これまで関わっていただいたすべての方々，そしてまだまだ未熟な自分を支えてくれている妻と双子の息子と娘に，この場をお借りして感謝申し上げます。

2021年6月

神戸市立須磨翔風高等学校
浅野　雄大

活動アイデアの構成

4技能5領域のいずれかが，ひと目でわかるようになっています。

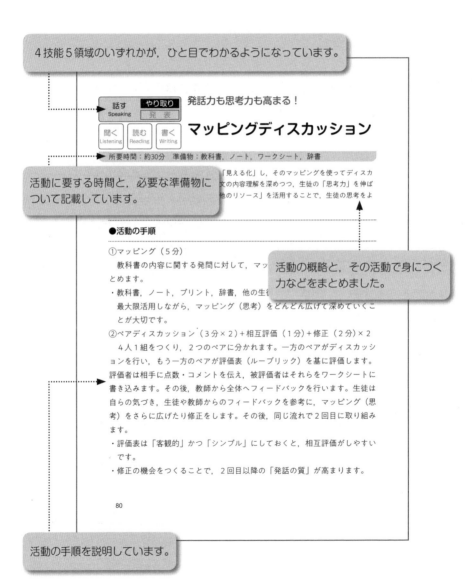

| 話す Speaking | **やり取り** |
| 発 表 |

| 聞く Listening | 読む Reading | 書く Writing |

発話力も思考力も高まる！

マッピングディスカッション

▶ 所要時間：約30分　準備物：教科書，ノート，ワークシート，辞書

活動に要する時間と，必要な準備物について記載しています。

「見える化」し，そのマッピングを使ってディスカ
文の内容理解を深めつつ，生徒の「思考力」を伸ば
他のリソース」を活用することで，生徒の思考をよ

●活動の手順

①マッピング（5分）

　教科書の内容に関する発問に対して，マッ　　　

とめます。

活動の概略と，その活動で身につく力などをまとめました。

・教科書，ノート，プリント，辞書，他の生徒
　最大限活用しながら，マッピング（思考）をどんどん広げて深めていくこ
　とが大切です。

②ペアディスカッション（3分×2）+相互評価（1分）+修正（2分）×2

　4人1組をつくり，2つのペアに分かれます。一方のペアがディスカッショ
ンを行い，もう一方のペアが評価表（ルーブリック）を基に評価します。
評価者は相手に点数・コメントを伝え，被評価者はそれらをワークシートに
書き込みます。その後，教師から全体へフィードバックを行います。生徒は
自らの気づき，生徒や教師からのフィードバックを参考に，マッピング（思
考）をさらに広げたり修正をします。その後，同じ流れで2回目に取り組み
ます。

・評価表は「客観的」かつ「シンプル」にしておくと，相互評価がしやすい
　です。

・修正の機会をつくることで，2回目以降の「発話の質」が高まります。

80

活動の手順を説明しています。

各活動は，下のように約２ページでコンパクトに構成されています。生徒や学級の実態に応じて，好きなところから使ってください。

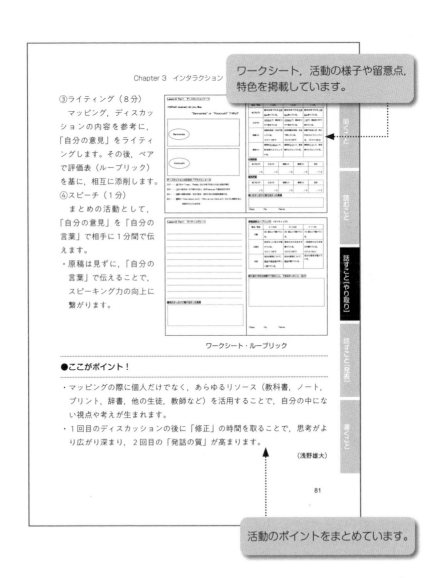

ワークシート，活動の様子や留意点，特色を掲載しています。

Chapter 3　インタラクション

③ライティング（8分）
　マッピング，ディスカッションの内容を参考に，「自分の意見」をライティングします。その後，ペアで評価表（ルーブリック）を基に，相互に添削します。

④スピーチ（1分）
　まとめの活動として，「自分の意見」を「自分の言葉」で相手に１分間で伝えます。

・原稿は見ずに，「自分の言葉」で伝えることで，スピーキング力の向上に繋がります。

ワークシート・ルーブリック

●ここがポイント！

・マッピングの際に個人だけでなく，あらゆるリソース（教科書，ノート，プリント，辞書，他の生徒，教師など）を活用することで，自分の中にない視点や考えが生まれます。

・1回目のディスカッションの後に「修正」の時間を取ることで，思考がより広がり深まり，2回目の「発話の質」が高まります。

（浅野雄大）

81

活動のポイントをまとめています。

CONTENTS

巻頭言─ノウハウを否定しない　正頭英和

はじめに

活動アイデアの構成

Chapter 1

リスニング [聞く] の活動アイデア

英語耳を育てる！
洋楽シャドーイング ……………………………… 16

授業の導入を知的に変える！
トゥデイズ・フレイズ …………………………… 18

オールイングリッシュのファーストステップ！
エスエスジートーク ……………………………… 20

クイズで復習！
リスニングクイズ大会 …………………………… 22

アイスブレイクにぴったり！
私は誰でしょう？ ………………………………… 24

音のインプット！
ピクチャーカードリスニング …………………… 26

洋楽が歌えるってカッコいい！
ソング・ディクテーション ……………………… 28

教科書を100％活用する！
イニシャルリスニング …………………………… 30

ゲーム感覚で英語力を伸ばす！
間違い探しリスニング …………………………… 32

労に見合う益あり！
オリジナル音源ディクテーション ……………………………… 34

対話が学びを活性化させる！
ペアディクトグロス ……………………………………………… 36

リーディング［読む］の活動アイデア

英問英答がグッと面白くなる！
アクティブ Q&A ……………………………………………… 40

速ければ速いほど燃える!?
リズムトラック読み …………………………………………… 42

既習の力を発揮する！
推測リーディング ……………………………………………… 44

1人1台端末に最適！
Kahoot！ オンラインで早押しゲーム ……………………… 46

長文読解も ICT でサクサク！
Kahoot！ リーディング ……………………………………… 48

探究学習にチャレンジ！
ノシアックプロセスで学びを深めよう！〈リーディング編〉…… 50

ハリウッドスターの気分で！
なりきりジェスチャー演読 …………………………………… 52

ゲーミフィケーションで全員参加！
英単語カルタ …………………………………………………… 54

創造性を発揮して！
ベストアンサーを探そう ……………………………………… 56

COLUMN　レベル別音読のススメ

インタラクション［話す（やり取り）］の活動アイデア

身体があたたまると声も出る!?
ミュージカルフィッシュ ································ 60

沈黙の時間は生ませない！
コミュニケーションストラテジーチャット ················ 62

パフォーマンステストにも使える！
カットアウトピクチャー自己紹介 ··················· 64

帯活動で慣れさせる！
ポレポレ・カフェトーク ························· 66

密にならずにペア活動！
オンラインインフォメーションギャップリーディング ·········· 68

探究学習にチャレンジ！
ノシアックプロセスで学びを深めよう！〈インタラクション編〉 ····· 70

ペア & グループ活動が盛り上がる！
タイムトライアル Q&A ························ 72

パッと英語脳に切り替える！
いきなり！クエスチョン ························ 74

討論ってこんなに簡単だったんだ！
ウォームアップピンポンディベート ················· 76

嘘を見抜け！
三文自己紹介 ····························· 78

発話力も思考力も高まる！
マッピングディスカッション ····················· 80

アイコンタクトに慣れさせよう！
エスパーは誰だ？ ··························· 82

COLUMN　音楽プレイヤーアプリ　Audipo

プロダクション［話す（発表）］の活動アイデア

表現力と要約力を育てる！
４コマリテリング ………………………………… 86

役割を全うする楽しさを！
ジグソーピクチャーICT リテリング ……………… 88

オリジナル情報の追加で飽きさせない！
紙芝居リテリング ………………………………… 90

創造性を刺激する！
スリーカードスピーチ …………………………… 92

もっと伝われ！
オートマスイッチ自己紹介 ……………………… 94

スパイラルに学びを積み上げて！
登場人物ビルディング …………………………… 96

自然と質疑応答が生まれる！
あなたの理想の人は？ …………………………… 98

ジェスチャーはダメよ！
これは何でしょう？ ……………………………… 100

探究学習にチャレンジ！
ノシアックプロセスで学びを深めよう！〈プロダクション編〉… 102

教室からできる国際貢献！
SDGs 2030 project ……………………………… 104

COLUMN　評価観をアップデート！

ライティング [書く] の活動アイデア

検定試験対策にもおすすめ！
ピクチャーライティング ……………………… 110

まずは量で勝負！
ドライブ・ザ・ペン ……………………………… 112

チャット感覚で楽しむ！
SNS 風ライティング …………………………… 114

クラスが笑いに包まれる！
何ができるかな？ ……………………………… 116

あたたかな教室環境づくり！
Can you hear? みんなの想い …………… 118

グループでクリアせよ！
ミッションポッシブル ………………………… 120

英作文の力がぐんぐん伸びる！
ニュースペーパーライティング ……………… 122

いつでも使える万能活動！
キーワード・クリエイティブライティング …… 124

勝手に文型が身につく！
ダウトゲームで語順習得 ……………………… 126

相手意識で文章が磨かれる！
即興交換日記 …………………………………… 128

他教科と連携して取り組む！
紙芝居をつくろう ……………………………… 130

教科書を100%活用する！
なりきりライティング ………………………… 132

自律的学習者への道！
自己調整ライティング ………………………… 134

おわりに

Chapter **1**

リスニング［聞く］の
活動アイデア

英語耳を育てる！

洋楽シャドーイング

所要時間：約25分　準備物：歌詞カード，音源

洋楽のシャドーイングでの発音練習を通じて，リスニング力を高めるという活動です。個別の発音だけでなく，リンキング（単語と単語が繋がる）やリダクション（単語の一部が発音されずに消える）などを発音できるようになると，聞き取れる音がさらに増えていきます。また，発音練習を通じて何度も英語の音声を聞くことになるので，それ自体がリスニング練習へと繋がります。

●活動の手順

①ディクテーション（5分）

・穴埋め形式の歌詞カードを配布し，ディクテーションを行います。何度か繰り返し聞きながら，聞き取れた単語を空欄に記入していきます。

・その後に練習する発音を含んだ単語を穴埋めにしておくと，よりその発音に意識が向きます。

②洋楽を聴く（2分）

あらためて歌を聞いて，発音を確認します。

・歌詞カード（もしくはスライドで表示）を見ながら，使われている単語などを目と耳で追います。

・生徒がよく知っている曲や流行りの曲だと乗ってきます。

③意識してほしい発音を伝える（3分）

いきなりすべての単語を正しく発音させようとするのではなく，今回意識してほしい箇所を伝えます。例えば，「今日はｒとｌの音を発音できるようになろう」というように，歌詞の中のどこを意識すればよいのかを伝えます。

④練習（5分）

PCなどで各自音声を聞きながら，練習を繰り返します。小声でもいいので実際に声に出して発音することが大切です。

⑤教師チェック（10分）

　１行ずつチェックを受け，合格をもらったら次の行へ進みます。

・「準備ができた子からチェック」にすると，遠慮したり恥ずかしがってな
　かなかチャレンジしないので，こちらから順番にチェックに回るようにし
　ます。短時間で素早くフィードバックすることが大切です。

●ここがポイント！

・簡単な単語の曲のほうが，余計な負荷がかからないので発音教材としては
　使いやすいです。

・子どもたちに曲をリクエストしてもらうのも手です。その中から身につけ
　させたい発音の含まれたものを使うことで Win-Win になります。

（浅野雄大）

聞くこと

読むこと

話すこと［やり取り］

話すこと［発表］

書くこと

話す Speaking	やり取り
	発表

聞く Listening	読む Reading	書く Writing

トゥデイズ・フレイズ

所要時間：5分　準備物：なし（実態によりイラスト・写真，ワークシート）

教師がことわざ・格言・名言，文化的知識などについて英語で説明し，生徒はそれを聞き，どんな「フレイズ」なのかを考えます。授業の導入時やまとめ時に授業内容と関連づけたものを取り上げるのもよいでしょう。また，イラストや写真を提示し，それと関連づけて行うなど工夫するのもよいでしょう。

●活動の手順

①教師による語りを聞く（1分）

教師は1～2分程度の英語を話します。生徒は教師がどのようなことを話しているのか聞きます。この際，生徒の実態に応じて，メモを取らせたり，クイズ型式のワークシートに取り組ませたりするのも有効です。

②相互交流（1分）

生徒はお互いに，教師の語りの内容について交流をします。

③インタラクション（3分）

教師が語りの内容について，質問を投げかけ，生徒が答えたりしながらインタラクションを行う中で，本日のフレイズやテーマを理解します。

さらに学習を拡げたり深めたりしたい場合は，以下の学習も想定できます。

Ⓐ Reading：スクリプトを配付し，語りの内容を読んで要点をまとめるなど
Ⓑ Writing：本活動で学習したフレイズを活用して英作文を書くなど
Ⓒ Speaking：学習したフレイズを活用して，即興的なスキットを演じるなど

●テーマ選定の極意！

本活動の「フレイズ」のテーマ選定では，次の2点を意識しましょう。

1　生徒が興味を持ちそうなテーマやタイムリーなテーマを選択するべし！

新聞記事やニュース，季節ネタなど，ことわざや格言，偉人の名言など，

新鮮な話題や役立つ話題を生徒たちと共有する時間にしたいですね。英字新聞の見出しやニュースのキーワードを今日の「フレイズ」としてかみ砕いたり，日本語のことわざや四字熟語を英語で表現したものを紹介したり，学校行事などホットな話題をクイズ型式にして興味を持たせたりするなどして，生徒が「聞きたくなる」時間を創り出しましょう。

2　「今，ここ」の学びが「いつか，どこか」の学びに繋がる工夫を！

　この活動での学びが，「いつか，どこか」の学びに結びつくと，生徒の印象にも残りやすくなります。教材の内容，新しい言語材料や語彙に繋がることで，生徒の「あ，あれだ！」という気づきを誘引する工夫です。このちょっとした時間が社会や世界と繋がる瞬間にもなるといいですね。

　例えば，次のような語りを生徒に投げかけるとします。

> Today's phrase is "It always seems impossible until it's done." Do you know what this phrase means？ This phrase is said by a famous man. He was a president in a country. He was the first black president in the country. He got the Nobel Peace Prize. Do you know him？

　インタラクションでは，Nelson Mandela や South Africa，apartheid について触れます。文法的には until の用法について触れることもできます。さらにもう一歩深めて，「何事も成功するまでは不可能に思えるものである」というフレイズについて，自分の経験としてこのフレイズが実感された経験はないかなどについて考えさせ，英語で表現させることも可能です。

●ここがポイント！

・肝は，核となるテーマがあり，フレイズがあり，語りが成立するということです。目的のある語りを投げかけましょう。
・毎時間，帯学習として取り組むとリスニング力も向上しますし，バラエティに富んだテーマを扱うと，生徒の知識の幅の広がりも期待できます。

（中島義和）

聞くこと

読むこと

話すこと［やり取り］

話すこと［発表］

書くこと

オールイングリッシュのファーストステップ！

| 聞く
Listening | 読む
Reading | 書く
Writing |

エスエスジートーク

所要時間：なし　準備物：なし

生徒の耳を英語に慣れさせるため，最も効果的なのは，日常の環境を英語化することです。しかし，はじめはどうやっていいのかわからないですよね。そこで，日常を英語化するための最初の心がけがエスエスジーです。エスエスジーを意識して話すだけで，ストレスなく英語環境をつくることができます。

●活動の手順

　エスエスジーとは Short・and Simple・with Gestures の頭文字を指します。

　教師が英語で話す際，この SSG を使った活動の進め方は以下の通りです。

①生徒が知っている言葉を増やす（毎時間）

　初めて話す表現はジェスチャーをつけて視覚的に理解させましょう。よく使用する日常表現リストを作って一気に導入するのもありです。

②授業内は主に英語で説明

　SSG を意識して英語で説明します。G があれば習っていない単語でも大丈夫です。先生が英語を話す姿は，生徒の英語のモデルになります。

③確認する時間を取る（30秒程度）

　活動の説明後や，本文の Oral Introduction の後など必ず聞き取れていてほしい場面では，まずペアで，話された内容を確認させましょう。

④使用表現を発展させる

　生徒の理解度に応じて，新しい表現を積極的に導入しましょう。また，授業の進展に応じて，習った表現に積極的に切り替えましょう。

● SSG の具体例

　以下 SSG の３つの例です。これらを意識して話すだけで中学生でも高校生でも簡単に英語環境に入っていくことができます。

① Short（短く）

指示は基本的に一文一義。言いたいことは短くまとめて話しましょう。

〇 "Open your notebook. Then, write your opinion about this topic."

× "Open your notebook and write your opinion about this topic."

② Simple（簡単に）

指示や説明はできるだけ簡単な表現や，習った表現を使いましょう。

〇 "Let's read this textbook in a loud voice. It is very important."

× "Reading a book is so important that you should read in a loud voice."

③ with Gestures（ジェスチャーをつけて）

英語を話すときは，身振り手振りも交えて話しましょう。

〇 "Open your textbook.（本を開く動作）Then, write（書く動作）your opinion about this topic.（トピックを指差して）"

× 言葉だけでとにかく喋り続ける。

　理解できている状態になってきたらＳＳＧの型を外しましょう（Short で話していた内容をあえて複文にする。Simple に話していた内容でも複雑な構文を使う。Gesture をつけて話していた内容を，言葉だけで解説するなど）。

　生徒がストレスなく理解できるようになっているのに，いつまでも簡単な表現やジェスチャー付きで行っていては，それ以降のリスニング力の強化には繋がりません。力量に合わせてレベルを上げていきましょう。

●ここがポイント！

・生徒たちが日本語を求めても，基本的には英語のみで授業を進め，生徒の理解を最大にするための効果的な日本語使用場面を考えましょう。

・学年に途中から入る場合は，とにかく３ヶ月は様子を見ましょう。はじめは不安がっている生徒たちも，次第に順応してきます。　　　　　　　（大西陽介）

聞くこと

読むこと

話すこと［やり取り］

話すこと［発表］

書くこと

クイズで復習！

リスニングクイズ大会

所要時間：50分　準備物：ホワイトボード＆ペン，パワーポイントまたはカードと音源

授業で使用した英語の歌や教科書本文の内容について True or False，Question and Answer をクイズ大会のような形式で復習する活動です。ゲーム性を持たせることで生徒の集中力を高め，グループ対抗にすることによって生徒はお互いに協力し，全員が参加する活動になります。

●活動の手順

①グループ分けとグループ内で解答順番決め（5分）

　人間関係に配慮し，各グループの英語力が均等になるように分けます。

・解答する順番は問題を選ぶ順番も兼ねます。

②クイズ大会（40分）

　グループ1から問題を選び，メンバーと協力してクイズに答えたり課題をこなしたりします。

・答えを考える時間とホワイトボードに答えを書く時間は合わせて30秒とします。

・30秒後に全グループ一斉にホワイトボードを上げます。

・一度ホワイトボードを上げたら答えの変更はできません。

・黒板に各グループの取得ポイントをメモします。

・最後から数問はポイントを倍かけするなど，優勝のチャンスを全グループに与えます。

③表彰式（5分）

　合計ポイントで優勝グループを決定し表彰します。

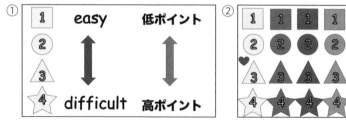
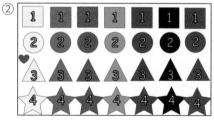

音声は画面が変わるのと同時に流れます。

ここを押すと②の画面に戻ります。選ばれた印は②の画面に戻ると消えるので同じ課題を選ぶことはできません。

パワーポイント画面例

●留意点

・クラスの雰囲気によってルールを変えながら行う場合もあります。例えば，クラス全体に英語力に課題があるときは「偵察部隊」をつくり，他の班の答えを見に行き参考にする，などです。ALT がいるときは，昔の某クイズ番組のように Audience や Call などネーミングをつけてヒントをもらうこともできます。

・同じ人だけが答えることがないように気をつけてください。クイズ大会を行う前に，先生が答える順番をすべて確認してから行うと同じ解答者が続くことは解消されます。解答者の机上に置く目印もよいアイテムとなります。

・パワーポイントを作るのが困難なときは，②のように色だけ何色か使って黒板に貼れるカードを作成して行うこともできます。そのときはポイントを裏に書いておきます。

（米田理英）

聞くこと

読むこと

話すこと［やり取り］

話すこと［発表］

書くこと

23

アイスブレイクにぴったり！

私は誰でしょう？

所要時間：15〜20分　準備物：なし

クラス替えをしたばかりで，クラスの雰囲気がまだ解れていない雰囲気を感じたことはありませんか。このような雰囲気を打破するため，本活動はアイスブレイク活動として機能します。グループ内で相手に英語で質問し続けることで，相手の考えている事柄（単語）を引き出す活動です。

●活動の手順

①活動説明（2，3分）

　クラス全体にクイズのお題を伝えます。

②グループを組む（2分）

　4，5人グループをつくり，クイズを出す順番を決めます。

③クイズを考える

・クイズをはじめに出す人（A）は問題を考えます。

・クラス全体でお題を一つ決めます。例えば，お題を「動物」にした場合，
　Aは声に出さず，ある動物を頭で想像します。

④グループ活動1回目（2分）

　グループのメンバーはAに対して順番に2分間質問をし，答えを引き出します。Aは回答する際，YESまたはNOしか答えることができません。答えがわかった場合，Aに "Are you ○○○ ?" と尋ね，AはYESまたはNOで回答します。やり取りは以下のようになります。

　A：Can you find the animal in a zoo ?

　B：No.

　A：Does the animal eat meat ?

　B：Yes.

　A：Can the animal run fast ?

B：Yes.

A：Do many people have the animal as a pet？

B：Yes.

A：Is that a dog？

B：Yes.

　2分以内に答えを引き出せない場合も2分間経過後，次にクイズを出す人に移ります。

⑤グループ活動2回目以降（2分）

　以下，2巡目以降は手順④と同じ流れで繰り返します。

●留意点

・日本語での質問は NG です。

・手順④の際，2分以内に回答が終わってしまったグループにさらなるタスクを与えるため，A はもう一度クイズを出します。下図のように板書し，確認しておくことが重要です。

> ・For each round you have 2 minutes to answer.
> ・When you still have time,the same speaker can have ONE MORE round.

活動説明

●ここがポイント！

・グループ活動の前に教員がモデルとして問題を考え，クラス全員から質問を受け，どのような質問を尋ねることができるのか共有しておくとグループ活動がスムーズに実施できます。

・早く終わったグループには，必ずもう一度クイズを行うことを念押ししておくと，時間を最大限に活用できます。

　　　　　　　　　　　　　　　　　　　　　　　　　　　（細　喜朗）

聞くこと

読むこと

話すこと［やり取り］

話すこと［発表］

書くこと

話す Speaking	やり取り	
	発表	音のインプット！
聞く Listening	読む Reading	書く Writing

ピクチャーカードリスニング

所要時間：30分　準備物：本文が入った CD，ピクチャーカード

単元の導入部分で行うリスニング活動です。いきなり教科書を開いて文字を見せて聞かせるのではなく，まずは初期段階でインプットを行い，音に慣れさせる活動です。音に慣れることで，リスニングだけでなく，音読活動へもスムーズに移行できます。

●活動の手順

①ピクチャーカードをランダムに黒板に貼り，どんなストーリーかを想像させる

　ピクチャーカードを提示して，Teacher talk をします。

　既習事項（This is〜，Do you know〜？ Have you〜？）などを使いながら，対話の中で，生徒のスキーマの活性化を行います。

②最初に２回リスニングを行い，ピクチャーカードを選択させる

　一つの単元で約10枚近くのピクチャーカードがあります。

　単元は３つの課に分かれていることが多いので，一つ目の課のリスニングを２度行った後，ペアで相談させ，生徒に選ばせます。

　教師は，そのピクチャーカードを抽出し，正しくない順番を貼ります。

③再度リスニングを行い，ピクチャーカードを正しい順番に並べ替える

　ランダムに貼られた黒板のピクチャーカードを正しい順番に並び替えるために，３回目のリスニングをします。生徒に正しい順番を聞きます。これを残りの２つの課でも行います。そして，３つの課で正しく並び替えた時点で，最後にもう一度最初から最後まで単元を通して，聞きます。

④リスニングをして Q and A を行う

　順番を並び替えた後，質問をして英語による対話をしてみましょう。生徒に５Ｗ１Ｈを使って，発問してからリスニングさせることで，より集中

して聞きます。発問を2〜3つほど準備しておきます。答え合わせは全体でしてもいいですし，ペアで行っても構いません。

●留意点

・④の活動では，1回のリスニングにつき発問は一つにしましょう。生徒の表情を見ながら，Q and A の際は，2回，3回とリスニングを繰り返してインプットを行います。

●活動のポイント

・活動のはじめに文字を見せずに，音を生徒に浸透させるイメージで授業を進めていきましょう。

・発問を増やすと，文字を見る前に10回は音によるインプットが可能です。そうすることで音に慣れ，スムーズに音読練習を行うことができます。

（福井彬人）

27

洋楽が歌えるってカッコいい！

ソング・ディクテーション

所要時間：10～50分　準備物：穴あき歌詞ワークシート

歌は，英語の世界を広げてくれます。単元の題材や文法に合わせて，洋楽を使う先生方は多いでしょう。導入時にディクテーション（書き取り）をすることで，歌を数倍楽しむことができます。生徒はのめり込むように，英語の歌を一生懸命に聴きます。教科書とはひと味違う表現との出会いで，さらに英語を好きになるきっかけをつくりませんか。

●活動の手順

①ミュージックビデオを鑑賞する

　「新しい曲，何だろう？どんな歌だろう？」生徒たちはいつもワクワクしながらニューソングの初日を待ちわびています。目でも楽しめる映像を用意するようにしています。

②穴あき歌詞ワークシートでディクテーションをする

　穴あきにするワードは，生徒に馴染みがあるもの（すでに学習している，カタカナで知っているもの）にします。

　中学校入学後には，フォニックスの指導を入れます。生徒には，「どのアルファベットの音がするかな？」と声をかけます。カタカナで書く生徒もいますが，その中でも「tの音が聞こえた」と，音と文字を一致させていくようになります。

　リスニングに焦点を当てる場合は，穴あき歌詞のみを配布していますが，目的によっては和訳を見ながら活動させることもできます。

③意味やリンキングなどの確認

　ディクテーションをしながら，マジックeなどのフォニックスや，音と音の繋がり，韻（rhyme）にも触れます。また，映像をヒントにしながら，歌詞の意味を考えます。

④レッツ・シング！

　「英語で歌えるようになりたい」という思いを誰しもが持っています。英語の歌を歌うことは，生徒にとって自信に繋がるようです。楽しんで口ずさめる雰囲気がつくれるようにしています。

●選曲はどうやるの？

　学習する文法に合わせて，題材のテーマに寄せて，……選曲の基準は様々です。流行りの曲を取り入れると生徒は大喜びします。その中でも，私が選曲で大事にしているのは，「タイムレス」であることです。卒業して大人になったときにも，ふと口ずさんでしまう—。そんな名曲と出会える機会になればと願っています。

●ここがポイント！

・穴をあけるワードは，生徒に馴染みのあるものにします。
・ただ聞くだけでなく，フォニックス，リンキング，韻などにも触れます。
・曲だけよりも，ぜひ画像付きのミュージックビデオを。映像から歌詞の意味を読み取るヒントを得たり，歌手の口の形から発音指導に繋げたりと，映像の効果は絶大です。

（井上百代）

聞くこと

読むこと

話すこと［やり取り］

話すこと［発表］

書くこと

聞く Listening	読む Reading	書く Writing

教科書を100%活用する！

イニシャルリスニング

所要時間：5分　準備物：ワークシート

単語の頭文字だけにした教科書本文を使ってリスニングをする活動です。本文導入活動での大まかな内容理解や，本文の内容や文法表現を理解した後のまとめの学習に有効です。生徒が頭の中で英語を補完しながら聞くことによって，英語の音や意味により意識を向けるようになります。

●活動の手順

①ワークシートを見ながらリスニング

　単語の頭文字だけを載せたワークシートを見ながら音声を聞きます。教科書本文の導入段階や本文の内容や英語表現を理解した後に行うのが効果的です。

②ペアで確認

　書いた表現をペアで共有させます。ペアでの話し合いでは，自分の考えの根拠も相手に伝えさせます。ペアでの話し合いは，最初は日本語で行い，慣れてきたら英語で行わせましょう。ペアで確認した後，一度音声を聞きます。

③全員で確認

　教科書とワークシートを見比べながら，全員で再度音声を聞き英文を確認します。聞き取りのポイントになっている部分を教師が簡単に説明して活動を終えます。

●留意点

・適切な足場かけ

②の活動の英語での話し合いは，相手の考えに同意したり（例えば，I agree with you. など），相手と異なる自分の考えを伝えたりする（例えば，I understand how you feel, but……など）英語表現を例示することで，生徒は活動がしやすくなります。

・活動のバリエーションを増やす

生徒たちが活動に慣れてきたら，イニシャルリスニングだけでなく，ワークシート上に一部改変した本文をのせ，間違いを指摘させる「間違い探しリスニング」（p.32）なども準備し，バリエーションを増やしましょう。

・活動の負荷を下げる方法

文章が長い場合，カンマやチャンクで区切り音を流すことで，負荷を下げることができます。

・ライティング活動への応用

イニシャルリスニングは，聞きながら穴埋めする形にして，ライティング課題にすることもできます。リスニング以外の技能との関連を持たせることで，アレンジするのもおすすめです。

●ここがポイント！

- ・リスニングの活動は単調になってしまうことがあります。「間違い探しリスニング」のようなゲーム感覚でできる活動を取り入れることで，生徒たちはより積極的に学習に取り組みます。
- ・Audipo（p.83）のようなアプリを使うことで，情報を引き出すことができる質問を工夫することができます。

（渡部　諒）

聞くこと

読むこと

話すこと［やり取り］

話すこと［発表］

書くこと

話す Speaking	やり取り
	発　表

聞く Listening	読む Reading	書く Writing

間違い探しリスニング

所要時間：5分　準備物：ワークシート

正頭英和先生の実践を参考にした，教科書本文を一部改変した英文を使ってリスニングをする活動です。本文導入の後に，本文の内容や文法表現を理解できたかどうかを確認し，説明できることが目標になります。

●活動の手順

①ワークシートを見ながらリスニング

　教科書本文の一部を変更したワークシートを見ながら音声を聞きます。教科書本文の内容や英語表現を理解した後，単元のまとめの段階で行うのが効果的です。

②ペアで確認

　気づいた間違いをペアで共有させます。ペアでの話し合いでは，自分の考えの根拠も相手に伝えさせます。ペアでの話し合いは，最初は日本語で行い，慣れてきたら英語で行わせましょう。ペアで確認した後，一度音声を聞きます。

③全員で確認

　教科書とワークシートを見比べながら，全員で再度音声を聞き英文を確認します。間違いのポイントになっている部分を教師が簡単に説明して活動を終えます。

●留意点

・適切な足場かけ

　②の活動の英語での話し合いは，相手の考えに同意したり（例えば，I think so, too. など），相手と異なる自分の考えを伝えたりする（例えば，In

my opinion, your idea is wrong. ……など）英語表現を例示することで，生徒
は活動がしやすくなります。

・**活動のバリエーションを増やす**

　生徒たちが活動に慣れてきた頃に，間違いがない英文を出すのも効果的で
す。教科書本文とは違う単語でも，意味は変わらない単語など，教科書本文
を十分に理解していないと気づけないような間違いも生徒をやる気にさせま
す。

・**文法の説明への応用**

　間違い探しリスニングをした後に，時制や動詞の不規則変化の間違いの箇
所をつくることで，単元で重要な文法を復習する機会にもなります。間違い
は印象に残りやすいので，文法事項の定着にも役立ちます。

・**リーディング活動への応用**

　間違い探しはリスニングだけでなく，リーディングの教材にもなります。
教科書本文を少し変えた英文を読みながら，間違いを見つける活動です。生
徒は間違いを見つけようと，いつも以上に集中して文章を読むことができる
ようになります。

●ここがポイント！

・リスニングは多くの方法を取り入れることで，生徒が生き生きと活動に参
　加できるようになります。ゲーム感覚でできることを取り入れることで，
　生徒たちは楽しく活動に取り組むことができます。

・教師が理解してほしい重要な表現を間違いにすることで，生徒の印象に残
　すことができます。しかし，丁寧に間違いを説明しないと，間違った表現
　を覚えてしまうこともあるので気をつけましょう。

参考文献：正頭英和著『５つの分類×８の原則で英語力がぐーんと伸びる！音読指導アイデア
BOOK』（明治図書）

（渡部　諒）

労に見合う益あり！

オリジナル音源ディクテーション

所要時間：15分程度（生徒各自が課題として取り組む場合は30分〜1時間）
準備物：ディクテーション音源，音声を再生できるデバイス，ワークシート

リスニングの力をつけるのに有効ではあるけれど，実際に取り組むのはなかなか骨の折れるディクテーション。生徒が興味を持てる題材に関する自作の音源を使用することで，内容を楽しみながら取り組むことができます。生徒が各自で音源を再生できる環境があれば，個別の課題としても使えます。

●活動の手順

【準備編】

①構想

　生徒に聞き取りをさせたい内容を考え，ALTにインタビューします（例：教科書のトピックに関する意見や，冬休みの過ごし方など）。

②スクリプト作成

　インタビュー内容を基に，音源用のスクリプトを作成します。

・ALTのアイデアを基にしつつ，難しすぎる語彙を言い換えたり，既習の文法事項や表現を取り入れたりすることで，難易度の工夫ができます。

③録音

　ALTにスクリプトを読み上げてもらい，音源を作成します。

・音源はモノローグでもよいですが，JTEとのインタビューや会話形式など，複数の話者のやり取りがあるほうが，生徒は聞き取りやすくなります。

【実行編】

①音源を再生し，ディクテーションを行う

　書き取り用のワークシートを配布し，音源を再生します。複数回再生することを事前に伝え，最初の数回は大まかに聞き取り，その後細かいところを意識しながら聞くように促します。

・生徒がディクテーションに慣れていない場合は，再生の途中でポーズを入れたり，聞き終わった後にしばらく間をおいたりするなど，聞いた内容を覚えている間に書くことのできる時間を設けるなどの工夫をしてください。

②ペアで書き取った内容を確認

　ペアでお互いに見せ合い，聞き取りづらかった部分を共有します。

　書き取った内容が文法的に正しいかという観点でも見直すよう促します。

③スクリプトを見て，各自の聞き取れなかったところを確認

　スクリプトを配布し，生徒がそれぞれ書き取った英文と比較しながら自己添削を行います。もう一度音声を流し，スクリプトを目で追いながら発話の内容を確認します。

・時間があれば，ペアやクラス全体で音読やシャドウィングの練習をすることで，さらに音声活動を重ねることができます。

・「どういった部分が聞き取りづらかったか」という振り返りを行うことで，自分のリスニングをメタに分析することも促せます。

●留意点

　各自で再生ができる状況で実施する場合（コンピュータ室や自宅学習課題での実施など），聞きづらいところを何度も繰り返し聞くことができるため，個人の英語力に合わせた活動とすることができます。読み上げ音声も，スピードを変えて2通り用意すると，生徒が自分の力に合わせて活動の強度を調整することができ，より自立的に学びへ向かう態度を養うことができます。

●ここがポイント！

・自然に発話される英語を聞き取る練習ができます。また，生徒の知っている人が話者となることで，取り組むモチベーションを促します。

・ディクテーションは負荷の大きい活動ですが，細かいところまで意識して聞き取ろうとすることで，リスニングの力は確実に向上します。

（西川　光）

対話が学びを活性化させる！

ペアディクトグロス

所要時間：15分　準備物：音声教材

リスニングでは，Q＆Aだけだと意味に焦点が当たりすぎ，ディクテーションだと生徒が聞き取った単語を書くだけの形式練習になってしまうことが多々あります。そこでおすすめなのがこのペアディクトグロスです。生徒たちから「力がつく」と好評の活動です。

··

●活動の手順

①Listen & Write（2分）

　まず，音声を聞かせ，聞き取った言葉をすべて書かせます。音声はCDを聞かせてもよいですが，教師が読み上げてもよいです。生徒のレベルに合わせましょう。

②繰り返しListen（2分）

　生徒たちが「ここまで聞いてもわからない」という状態になるまで聞かせます。「音」を徹底的にインプットし，「意味」を推測させます。

③ペアトーク（2分）

　十分な音声を聞いた生徒たちが，ペアで自分の考えを持ち寄り，文章を完成させます。このとき，ペアの答えを見て消しゴムを使う生徒が出ますが，自分の答えを消してしまうと，思考の履歴がわからなくなるため，消さずに色を変えて書くように促しましょう。

④繰り返しListen（1分）

　「もう一度聞きたい人？」と聞くと，多くの生徒が手を挙げます。ヒントを与えながら残り2回ほど聞かせつつ「意味」を考えるよう促しましょう。

⑤アンサーチェック（3分）

　解答のプリントがあればそれを渡します。教師が全体の前で答え合わせをするのでもいいですが，教師が答えを言うのではなく，生徒から答えを導き

ましょう。

⑥音読（5分）

　「音」を徹底的に聞いたうえで，「意味」がわかるようになった素材は，音読の効果が倍増します。状況をイメージできる状態にして，音読練習へと繋げましょう。ここで，リンキングなど音の特徴について指導も可能です。

●「意味」を考えやすいペアの工夫

・リスニングにおいて大切なことは，学習者が文脈や状況などの「意味」に焦点を当てることです。ペアディクトグロスでは生徒たちに「意味」を考えながら「形式」を推測させることを忘れないようにしましょう。

・その際，ペアが「教える→教えられる」の関係になってしまっていると，教える側の答えを優先させてしまい，意味を考えなくなってしまう場合があります。この現象を防ぐために，例えば左右ペアは実力差があったとしても，前後ペアは実力が同じであるように席づくりを行う工夫を行うことができます。エクセルシートで，参考となる学力テストの結果と名前を載せたタテの表をつくり，1行空けて順番に席に当てはめていくだけで，前後ペアは実力差がなく，左右ペアは実力差がある，という座席になるのでおすすめです。

・座席表は，できる限り担任の先生にも見てもらい，人間関係のタブーペアがないか確認しておきましょう。

●ここがポイント！

・本来のディクトグロスはクラス全体で「正解」を探っていく活動ですが，少人数クラス向けです。だからこそ，その本質を掴んだこの活動は有効です。

・ディクトグロスは，言語技能に結びつけながら未知語や文法を学べると同時に「音」の力も養える優れた活動です。ぜひご活用ください。

（芹澤和彦）

聞くこと

読むこと

話すこと［やり取り］

話すこと［発表］

書くこと

Chapter 2

リーディング［読む］の活動アイデア

英問英答がグッと面白くなる！

アクティブ Q&A

所要時間：5～20分　準備物：なし

授業で長文読解を扱う際，パターンが一定で面白みがないと感じたことはありませんか。本文を読ませ，英問英答でＱ＆Ａを行う，しばらく繰り返すと，英語が苦手な生徒は本文を読むことさえ放棄してしまう—そんなときにご紹介したいのがアクティブＱ＆Ａです。

●活動の手順

①個人で黙読

時間を決め，本文を読ませます。はじめは，概要理解をさせます。パラグラフのメモを書かせましょう。

②起立でＱ＆Ａ

時間がきたら，数名起立させます。約40名クラスで，各列１名ずつ（7～8名）立たせます。英問英答を一つ問い，わかった生徒から挙手させます。座っている生徒には，答えをノート（またはワークシート）に書かせます。

③根拠の文と模範英答の確認

英問英答を１問終えた後，全員を一旦座らせます。簡単に解答の根拠に当たる文と，模範英答例の説明をします。

④全員でＱ＆Ａ（①～④で５分程度）

全員に対して再度英問し，それぞれのペースで英答させ，答えられるか確認させます。

⑤次の問題へ

②～④を繰り返します。

●Ｑ＆Ａで言語習得をいかに促進するか

手順②では，次の３点を意識しましょう。

1　教師の英問，複数文たるべし！

　生徒の英語力の実態に合わせながら少しでもインプットを増やすように心がけます（例：Steve Jobs had a great speech, right？ I love it very much. Especially, the first story is interesting for me. Can you explain？ **What did he tell in the first story？** ←これがメインですが文脈をつくりましょう）。

2　生徒に繰り返し答えさせるべし！

　英問英答では，生徒が質問に対して教科書を棒読み・発音ミス・代名詞の繰り返しをすることが多いです。教師とのやり取りが自然な会話になるように，英答が不自然な場合は繰り返し答えさせましょう。

3　全体を巻き込むべし！

①ポイント制（バトル化）

　立っている生徒が手を挙げて当たったら１点，正解したらさらに１点。手が挙がらない場合は，座っている生徒にも発言権を与えてみましょう。

②教師の英問＝リスニング練習！

　全体に教師のほうを向かせて英問を聞かせましょう。スピードや間の取り方を変えつつ，様子を見ながら英問を繰り返します。

③じらす

　生徒が手を挙げてもすぐに当てません。半分程度手を挙げるまでは待ちます。自然なやり取りができない場合は，次の生徒にチャンスをあげましょう。

●ここがポイント！

・チーム戦にすると，よりアクティブになります。チームの中で自然と学び合いが生まれます。

・挙手が少ない場合は一度全員を座らせ，１分ほど時間を与えましょう。生徒たちが対話を始め，教科書内容の理解が深まります。

（芹澤和彦）

| 話す Speaking | やり取り |
| | 発表 |

| 聞く Listening | **読む Reading** | 書く Writing |

速ければ速いほど燃える!?

リズムトラック読み

所要時間：10分　準備物：リズムトラック（もしくはアプリ）

生徒の音読や発表が棒読みになってしまう悩みをもったことはありませんか。どれだけ音読練習をさせても，短調な読み方しかできるようにならないのをなんとかしたい。英語独特のイントネーションやリズムを身につけさせたい。そんなときに役に立つ活動が，このリズムトラック読みです。

●活動の手順

①本文の読み方確認をする

　まずは本文の確認をします。教師の音読に続けてリピートさせ，読み方の確認を1〜2回程度行いましょう。

②リズムトラックを用いて，ゆっくりなペースでリピートをする

　リズムトラックを起動させ，はじめはテンポを100くらいから流します。リズムに合わせてリピートさせましょう。ここでは読み方がわかる程度の回数を行いましょう（私のクラスの場合は2回で行っています）。

③慣れてきたらテンポを速めていく

　慣れてきたらテンポを速めていきます。速くなるごとに盛り上がり，自然とムキになってリズムになんとかついていこうと自ら発音し始めます。

④時間を取って個人練習をさせる

　5分から10分程度時間を取って，個人（またはペアで）練習をさせましょう。その際に「5分後にはこういう状態になってね」と教師が実際にやってみせることで目指すイメージをもたせると，集中して取り組みます。

⑤もう一度，全員で音読

　個人練習後，もう一度全員で音読をしてみてください。英語のリズムやイントネーションの取り方がたった数分で見違えるように上手くなります。

●リズムトラック成功のカギ

1　リズムトラックがなければ，IOS アプリの「Beat Station」というアプリがおすすめです。

2　2人での会話（ダイアログ）のページがこの活動に向いています。

3　リズムの音は生徒の声が聞こえなくなるくらい大きくしましょう。声が大きくなり周りのことが気にならなくなることで，練習に集中します。

★活動例（空港での税関でよくある会話として）

Officer：Next! … Show me your passport, please.

Tourist：Here you are.

Officer：What's the purpose of your visit?

Tourist：Sightseeing.

Officer：How long will you stay in this country?

Tourist：For two weeks.

Officer：Where are you staying?

Tourist：I'm staying in my friend's house.

Officer：I see. Enjoy your stay.

Tourist：Thank you.

●ここがポイント！

・本文にジェスチャーをつけて行うと，より難易度も上がり盛り上がると同時に，音読後のミニスキットなどの発表活動にも繋げることができます。

・教師が活動の説明をしすぎず，自分たちで上手くなる余地を残しておいて，個人練習の時間を取りましょう。

（大西陽介）

聞くこと

読むこと

話すこと［やり取り］

話すこと［発表］

書くこと

話す Speaking　やり取り　発表
聞く Listening　**読む Reading**　書く Writing

推測リーディング

所要時間：約15分　準備物：特になし

教科書を読みながら，その後の展開を推測する活動です。ただの予想ではなく，それまでの内容や背景知識などを基に推測することで，正確な読解を自然と促すことができ，その後の内容にも興味を持って読み進めることができます。

●活動の手順

　教科書の本文を途中まで読み終わった段階で行います。必要に応じて，本文に関する質問を口頭で行うなどして，生徒がそれまでに読んだ内容について思い出している状態が望ましいです。

①展開の推測（3分）

　この先，何が起こるかをまずはそれぞれに推測します。その際，そう思う理由も考えるように伝えます。

〈指導者の発問例〉

"Look at the end of paragraph 8. It says, 'However, their happiness did not last long.' Why did not their happiness last long？ What do you think will happen next？"

・頭の中で推測するだけではなく，ワークシートなどにメモを取らせることで，生徒が思考しやすくなります。

②推測した展開をペアで交流（3分）

　それぞれが推測した展開について，なぜ

> Communication English II　Element Lesson 9 "The Vancouver Asahi"
>
> ● **Reading Comprehension**
> 1. What is Vancouver Asahi?
>
> 2. What is the Terminal Leeague?
>
> 3. How well did the Vancouver Asahi perform in the Terminal League at first?
>
> 4. What did Harry Miyasaki do?
>
> 5. Why was it difficult for Vancouver Asahi to score?
>
> 6. Why did the whites change the way they looked at Vancouver Asahi?
>
> ● **Make a Guess!**
> 1 8 "However, their happiness didn't last long."
> 　… What do you think will happen next? Why do you think so?
>
> Your Guess
>
> Your Partner's Guess
>
> What is written on the textbook

そう思うのかの理由も合わせて，ペアの相手と共有します。

・お互いの推測を共有したら，ペアでさらに他の展開がないかを想像するよう促します。

③推測した展開をクラス全体で交流（3分）

　生徒またはペアを指名し，推測した内容となぜそう思うかの理由をクラス全体に発表します。

・ここで，生徒の発表に対し，教師からのポジティブなフィードバックを行いましょう。「本文の内容や登場人物の心境を踏まえているか」「他の教科で学んだ内容や背景知識との繋がりがあるか」「想像力があるか」などが，ポイントとなります。

④教科書の続きを読む（4分）

　本文の続きを読み，実際の展開を確認します。

●大切なのは「推測の理由」を考えること

　「なぜそう推測したか」という理由をしっかり考えさせることで，「ただ正解を当てればよいクイズではない」ということを生徒と共有することが大事です。既読の本文内容や背景知識を用いて先の展開を推測するという，英文読解をするうえで重要なスキルを身につける練習として，この活動を授業内でも行います。

●ここがポイント！

・展開の推測をすることで，「続きが知りたい！」という生徒の気持ちを刺激し，本文への興味を引き出すことに繋がります。

・「推測する」という活動なので，教科書から正しい答えを探させるのではなく，生徒自身の想像力を発揮させることができます。

（西川　光）

| 話す
Speaking | やり取り |
| 聞く
Listening | **読む**
Reading | 書く
Writing |

発　表

1人1台端末に最適！

Kahoot！ オンラインで
早押しゲーム

所要時間：10分〜　準備物：スマートフォンまたはタブレット，PC

オンライン授業で学習者の反応や理解を確認できたらと感じたことはないでしょうか。Kahoot！を利用することで，ゲーム感覚で生徒の理解度をチェックすることが可能となります。どのような生徒も全員気軽に参加できる点が Kahoot！の特徴です。

....

●活動の手順

①問題作成

　https://kahoot.com でアカウントを作成し，生徒の理解度を確認したい問題を作成します。

②PIN コードを配布

　問題作成終了後，生徒に伝える Game PIN が表示されますので，この PIN コードを生徒に Zoom などで伝えます。

③PIN コードの入力

　生徒は www.kahoot.it 上，または Kahoot！のアプリケーションソフト（iOS/Android OS）から手順②の PIN コードを入力します（5〜10分）。

④問題を解く（所要時間は問題数によって異なります）

　生徒はニックネームなど自身の名前を入力し，解答していきます。

●操作がよくわからない生徒のために

・手順③では，生徒によっては操作がよくわからない子もいます。事前に下
　の図のような QR コード付きの説明画像を提示するとスムーズにゲームを
　実施することができます。

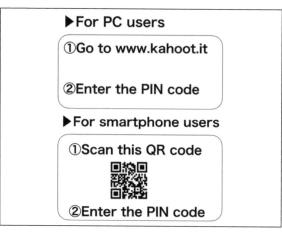

図　活動手順

●ここがポイント！

・先生は https://kahoot.com にてサインアップし，事前に問題作成をします。
・生徒には Kahoot！のアプリをダウンロードなど事前に行っておいてもら
　います。
・Kahoot！アプリダウンロード後→① As a students（生徒として）→②
　How old are you？（年齢の入力）→③ニックネームの入力

（細　喜朗）

聞くこと

読むこと

話すこと［やり取り］

話すこと［発表］

書くこと

長文読解も ICT でサクサク！

Kahoot！リーディング

所要時間：15分　準備物：スマートフォンまたはタブレット，PC

ICT 推進に向けてぜひ活用していきたい Kahoot！を使った活動です。読み物教材の理解度を高めるために活用します。クイズを作成するには，文章を深く理解する必要があります。長文読解は，苦手意識を持つ生徒が多いのですが，Kahoot！活動を使うと楽しく読む活動に取り組むことができます。

●活動の手順

① タブレットで Kahoot！を起動

　Kahoot！はウェブサイトとアプリを利用できます。ウェブサイトの場合，ブラウザで「Kahoot！」と検索しましょう。

② PIN を入力

　教師や生徒がつくった問題には，PIN コードが与えられます。黒板やスクリーンに示された PIN コードを入力します。そのコードを入力することで，問題を解くことができます。

③ 生徒が解答する

　教師がスクリーンに映した問題を見て，生徒は自分のタブレットやノートに答えます。教師はタブレットで解答状況を確認することができ，次の問題に移るタイミングを調整することもできます。

④ ペアで解答の確認

　生徒のタブレットやスクリーンに映した問題を見て，ペアで解答を確認させます。本文の該当箇所に線を引かせて，間違った解答の理由や，解答の根拠まで話させることを意識しましょう。最初は日本語で対話させ，慣れてきたら英語で確認するように指導しましょう。以下のようなフレーズを使うとスムーズに対話できます。

【解答の理由をたずねるフレーズ】

Why did you choose ○○（選んだ記号）？

【解答の根拠を伝えるフレーズ】

I think ~. / The question is wrong. It should be changed into ~. / Look at the ○○ line of the ○○ page on the textbook.

⑤全体で確認

スクリーンに画面を映し，全員で解答を確認・適示解説しましょう。

● Kahoot！使用の裏技

・教科用アカウントの作成

教科で一つのアカウントを作成し，お互いのアイデアを共用することもおすすめです。アカウントを作成後，クイズを作成しましょう。

・生徒用アカウントの作成

アカウントを持つことで，生徒もクイズの出題者になることができます。問いをつくる側になることで，より深く本文を理解しようとするのでおすすめです。

・家庭学習の一つに

Kahoot！はタブレットとネット環境があれば，どこでも使うことができます。家庭学習の一つに Kahoot！でクイズ作成を加えることで，楽しく学ぶ機会をつくることができます。教師や他の生徒が作成した問題を繰り返し練習することもできます。

●ここがポイント！

・「○○行目で登場人物はどんな気持ちでしょう」など，登場人物の背景知識や文章にはない暗示など，すぐには答えにくい問いを準備しましょう。

・よい問いを作成する生徒がいます。机間巡視しながら，教師がピックアップして全体に共有することで，全員に思考を促す問いを共有できます。

（渡部　諒）

聞くこと

読むこと

話すこと［やり取り］

話すこと［発表］

書くこと

49

話す Speaking	やり取り
	発表

聞く Listening	**読む** **Reading**	書く Writing

探究学習にチャレンジ！

ノシアックプロセスで学びを深めよう！〈リーディング編〉

所要時間（活動全体）：100分中の25分　準備物：探究テーマに関する英語の読解資料，ワークシート，テーマ関連資料

「ノシアック」とは，Know → Think → Act の頭文字からの造語です。ここでは，Know「知る」について触れます。探究テーマに関する英語を読んだり聞いたり見たりすることで，情報を得ます。次のプロセスに繋げるテーマへの「知」を獲得します。

※ Think（p.70）Act（p.102）も合わせてご参照ください。

●活動の手順（配当2時間中の第1時前半）

①活動概要の説明（5分）

　教師による活動の概要，ねらい，プロセス，ゴール，評価のポイントについての説明を聞き，活動内容を把握します。

② Know：与えられた読み物から情報を得る（20分）

　教師が与えた英文課題を4人グループのメンバーで分担し，その内容を読み取り，共有します。また，そのテーマについての理解を深めるために，資料を活用して調べたりします。

●活動の実際

　本実践は，中学3年生対象でしたが，『The History of OKINAWA』（エミル出版）という高校1・2年生対象のテキストを使用しました。教科書や通常の授業より高いレベルの難しい内容を設定する「ジャンプの課題」（佐藤学氏による）は生徒の学習への動機を高めます。また，グループで読み取りを分担することで，メンバーの英語力に応じて分量や担当箇所を考え合う機会を設けることをねらっています。本実践では，次の4テーマを4クラスそれぞれに割り振り，与えています。

・The Battle of Okinawa　　・The Himeyuri

・One of the Stones of Okinawa：The U.S. Bases
・Other Stones in Okinawa：The Cornerstone of Peace Memorial

　生徒たちは，他教科での学びや歴史の資料集などδ活用し，沖縄が抱える事実とそこから見出せる問題点・課題などを知ることができているようでした。

　以下のワークシートにも示していますが，課題英文を読み取る際には，和訳を作成するのではなく，それまでに学習した「思考ツール」や「図解化」のスキル（中島義和「コミュニケーショントピックとしての『日本』を知り，考え，発信へと繋げる英語科の授業を創る—ESD の視点から—」お茶の水女子大学附属中学校紀要・第44集　pp.13-14,2014を参照）を活用して，読み取った内容をまとめるように指導します。

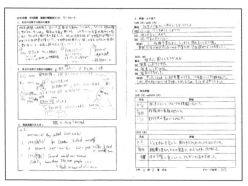

●ここがポイント！

・「未知なる世界を知りたい」という欲求こそが，「情報を得るために読む」ことの動機づけとなります。与える課題のテーマやレベルの設定が重要です。
・「読む」ことで得た情報から「疑問」が生まれ，そこにアプローチしていく，という学びのスパイラルをいかに生み出せるかが成功の鍵です。

（中島義和）

聞くこと

読むこと

話すこと［やり取り］

話すこと［発表］

書くこと

<table>
<tr><td>話す
Speaking</td><td>やり取り</td></tr>
<tr><td></td><td>発 表</td></tr>
</table>

ハリウッドスターの気分で！

<table>
<tr><td>聞く
Listening</td><td>読む
Reading</td><td>書く
Writing</td></tr>
</table>

なりきりジェスチャー演読

所要時間：クラスサイズにより20～50分　準備物：なし

音読は英語授業で定番の活動です。その音読を「演読」へとバージョンアップさせてみませんか。ジェスチャーをつけ，場面を自分たちで考え，登場人物になりきって演じます。なりきり度は，意味や文脈を理解しているかどうかの証明にもなります。

●活動の手順

①登場人物を確認する

　既出の人物であれば，名前に加えて，特徴や趣味などの情報も確認する。

②教科書本文を見ながら，デジタル教科書の音声を聞く

③ペアで場面設定を考える

　・どこで会話している？　　　・いつごろ？　　　・季節は？時期は？

　・二人はどんな関係？　　・何をしているところ？　　　・どんな状況？

④ペアで考えた場面設定を基に，クラス全体で本文の内容読解をする

　事実発問に加え，推論発問も交えながらＱ＆Ａを口頭で行う。

⑤文字から音声化の練習を行う

　新出語彙や間違いやすい発音のものを重点的に音読練習する。

　Repeating, Shadowing, Buzz-reading, Overlapping などを全体と個別で繰り返す。

⑥ペアで「演読」の練習をする

　③で考えた設定を生かして，どんなジェスチャーをつけるか，抑揚はどうするか，どこを強調させて読むかを意識する。

⑦ペアごとに教師へ「演読」を発表する

　教師は，生徒一人ひとりが場面を理解して演読しているか，ペアが考えた設定がジェスチャーや表情に表れているかを見る。

⑧モデルとなるペア3～4組が全体の場で発表する

　モデルの演読は「どんな設定の演読だったか」「どこがよかったか」「自分たちに取り入れられるところは何か」をペアで話し合う。

●「恥ずかしいを通り越してめっちゃ楽しい！」

　演読中の生徒の呟きです。なりきることには一定のハードルがあります。しかし，演読を授業に位置づけることで，動きや抑揚をつけて話すことが定着していきます。自分ではない「誰か」になりきり，場面設定や文脈をセリフの中で表現するために，ジェスチャーや間の取り方を工夫するからです。

　登場人物になりきるコツは，教師の発問が鍵を握っています。

・こんな友だちが転校してきたら？

・この登場人物たちってもしかして恋仲……？（生徒が食いついてきます！）

・このセリフに続きがあるとしたら？

　発問次第で，生徒は題材をぐっと身近に感じ，自分ごとに引き寄せます。「覚えなさい」「暗記しなさい」という指導では，生徒は主体的に取り組まないでしょう。「登場人物になりきろう！」と設定することで，生徒たちは思考し，工夫しようとします。それが演読の楽しさです。

　同じセリフでも，背景設定や登場人物の関係性が少し違うと，全く違った演じ方になります。そうして文脈の中で言葉を使う感覚を身につけることができます。生徒が生き生きと英語で演じる姿は，笑顔であふれています。そんな演読にぜひ挑戦してみてください。

●ここがポイント！

・教科書の登場人物になりきり，ジェスチャーをつけて「演読」することで，英文の意味や文脈を理解しているかの確認ができます。

・教師が場面の解説をしてしまわないこと。生徒自身が考え，深読みし，表現しようとする機会を大切にしましょう。

（井上百代）

聞くこと　読むこと　話すこと［やり取り］　話すこと［発表］　書くこと

| 話す
Speaking | やり取り |
| | 発 表 |

| 聞く
Listening | **読む**
Reading | 書く
Writing |

ゲーミフィケーションで全員参加！

英単語カルタ

所要時間：25分　準備物：ワークシート，単語カード

教科書本文の単語を，カルタを使って覚える活動です。意味だけでなく，発音にも意識が向くので，その後の読解や発話に繋がります。単調になりがちな語彙指導をゲーム化することで，あらゆる生徒の意欲を高めることをねらいとしています。

●活動の手順

①単語の意味と発音を覚える（2～3分）

　意味と発音を簡単に確認した後，単語の意味と発音を覚えます。発音に関する質問は机間巡視しながら対応・全体で共有します。

②ペアで意味と発音の確認（5分）

　カルタをする前に，ペアで単語の意味・発音の確認をします。ここで記憶を強化しておくと，その後のカルタがより白熱します。

③英単語カルタ（15分）

　教師が読み上げて，生徒がカードを取ります。教師が「日本語」を読み上げたら英語のカードを取ります。教師が「英語」を読み上げたら日本語のカードを取ります。後に，誰が一番点数が取れたかを計算します。

・点数はワークシートの単語番号を使って計算します（次ページの画像参照）。例えば，単語番号1の単語を取ったら1点，15番を取ったら15点が入ります。

・事前に「ラッキーカード」「アンラッキーカード」があることを伝えておきます。これがあることで英語が得意な子は遠慮せず，苦手な子は最後まであきらめずにゲームに参加することができます。

・ワークシートは見ない／場合によってはチラ見までOKなど，チームごとに決めさせます。もちろん覚えたほうが早いです。

・白熱しすぎで手を怪我しそうなクラスの場合は，100均のピコピコハンマーを使用することもあります。音も可愛らしくて，雰囲気が自然と明るくなります。

1	Origin	起源
2	fOund	創設する
3	pAralyzed	麻痺した
4	pAtient	患者
5	JEwish	ユダヤ（系）の
6	GErmany	ドイツ
7	cAst	ギプス
8	withIn	～以内に
9	Incident	出来事
10	JEw	ユダヤ人
11	tOugh	（状況などが）厳しい
12	escApe	逃げる，脱出する

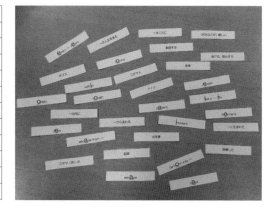

ワークシート・単語カード

●ここがポイント！

・英語が得意な子・苦手な子，両方が楽しく参加できるように「ゲーミフィケーション」の考え方を導入しています。ゲーミフィケーションとはゲームに使われている要素を「他の分野で応用すること」です。ゲーミフィケーションの条件は，①競争②報酬③偶然性（逆転の要素）の３つです。①クラス全員で勝負をして，②カードを取ることで点数を獲得して，③ラッキー・アンラッキーカードで大逆転する，というイメージです。生徒との「一体感」を味わうことができるので，個人的にとても大好きな活動です。

（浅野雄大）

話す Speaking
やり取り
発表

聞く Listening
読む Reading
書く Writing

創造性を発揮して！

ベストアンサーを探そう

所要時間：50分　準備物：付箋，画用紙

教科書の本文を活用した活動です。教科書に書かれた内容を超えた創造的な活動です。

●活動の手順

①教科書全体を読みます。

②各班で教科書に関する質問をつくります。

③つくった質問を画用紙などに記入し，全体で共有します。

④共有された他の班の質問の解答を各班で考え，付箋に記入します。その後，
　質問を作成した班に渡します。

⑤各班で考えた解答の付箋を読み，質問に対するベストアンサーを選びます。

●ここがポイント

・質問を考える際は Yes/No ではなく Wh 疑問文で質問をします。

・教科書に答えがないような解答を考えることがポイントです。

（鈴木洋介）

レベル別音読のススメ

音読をレベル別へ

　多くの先生が，生徒が本文の構文を覚えることができるように，ご自身でつくられた音読用のワークシートを活用されていると思います。それは，生徒が自身の習熟度に合わせて，選択することができるようになっているでしょうか。

　右のワークシートのように，私は，レベルを１〜５まで設定しています。生徒は自分のレベルを選ぶことで，自主的に音読練習を行うことができます。個人での音読練習後，ペア同士で英文を互いに読んだり，日本語→英語などで成果を見せ合います。授業内での生徒が音読練習の際，自分でレベルを選択できる場面をつくってみてください。

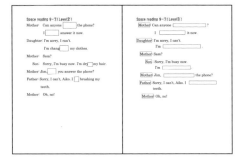

「主体的に学習に取り組む力」を評価

　単元の終わり，または定期テスト後や学期終わりなどのある期間ごとに教師と生徒の個別音読指導を行います。この際，生徒に音読のレベルを申告させ，普段練習しているレベルより一つでも上のレベルに挑戦するように指導しておきます。そして，１対１の個別指導の場面で，生徒が一つでも上のレベルに挑戦することを申告してきたとき，学習を「自己調整」し，「粘り強く」取り組んだと判断し，主体性があると判断します。その結果を生徒に伝えると，生徒に自信も生まれます。そしてその結果を，教師は成績に反映させます。

（福井彬人）

Chapter 3

インタラクション
［話す（やり取り）］
の活動アイデア

話す Speaking	やり取り
	発表

聞く Listening	読む Reading	書く Writing

身体があたたまると声も出る!?

ミュージカルフィッシュ

所要時間：5分　準備物：音楽

教室は海の中という設定です。生徒のみなさんは音楽が鳴っている間は泳ぎ続ける「魚」です。音楽が止まったときに，目の前にいる魚と会話をします。テーマはどこからか聞こえてきます。例えば，テーマが color ならば，"What color do you like？" "I like green." といった具合です。

●活動の手順

①起立

　例えば，"We are under the sea. You are Musical Fish." のように導入します。

②泳ぐ

　音楽が鳴り始めたら，魚のまねをしながら，音楽に合わせて教室内を泳ぎます。音楽は，ノリのよいものを選ぶとよいでしょう。

　"You swim to the music. Let's start swimming！"

③会話する

　音楽が止まったら，聞こえてきたテーマに関して，目の前の魚と会話します。テーマは教師が投げかけます。教科書で学習した疑問文や答えの文を会話として発することができるテーマを設定するとよいでしょう。例として，How many～？の応答文を会話として発話させたい場合には，教師がテーマを the number of something のように具体性を持たせて提示するのもよいでしょう。

　②・③を数回繰り返します。

④自席に戻り，着席

　状況に応じて，活動を振り返ってもよいでしょう。どういう疑問文や答えの文を発話したかクラス全体で共有することもできます。

●技能統合の工夫を！

　本活動の後，Writing の活動として，自分が発話した内容を記憶させ，自席に戻ったら書かせてもよいでしょう。これを毎回書き溜めていくことで，個人個人の会話や表現のストックとなり，他のコミュニケーション活動にも活かされます。

	Date	Theme	Expression	Comment	Teacher's Check
1					
2					
3					
4					
5					
6					
7					

Musical Fish 学習記録シート

Musical Fish 活動のふり返り

Class＿＿＿　No.＿＿＿　Name＿＿＿＿＿＿

ワークシート

●ここがポイント！

・本活動は，小学生から中学1年生に適した活動といえます。身体を動かしながら，音楽も会話も楽しみながら活動できるといいです。

・英語を即興的に話すトレーニングにもなりますし，中学入学時にはエンカウンターの活動としても有効です。

（中島義和）

沈黙の時間は生ませない！

コミュニケーション ストラテジーチャット

所要時間：20分　準備物：パワーポイントなどのスライド（もしくは板書）

やり取りさせたいけど沈黙が多い……そんなときは，我々が日本語で無意識に行っているコミュニケーションストラテジーを使って練習しましょう。題材のテーマに関するお題を立て，そのテーマについて2種類のペアで自由対話をします。相手の言ったことや理解度を「確認する」表現を指導します。

●活動の手順

①テーマや問いの提示

テーマに関しての問いを提示します（例えば，「硫黄島の戦い」で出てくる栗林中将の "leadership" を授業テーマとした場合，"What kinds of leaders do you want to be？" といったように生徒の自分ごとになるよう問いをつくります）。

・段階を踏んで，生徒たち自らがテーマに合わせて聞きたいことを質問できるよう指導していきましょう。

②コミュニケーションストラテジーの提示（3分）

図のスライドのように，こういう場合は何と言うかを考えてもらいながら，コミュニケーションストラテジーを提示し音読練習します。

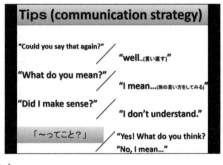

・対話のテーマが難しいほど生徒たちは思考しながら話します。このときに会話を円滑にすすめるのがコミュニケーションストラテジーです。

③1回目の自由対話（2〜3分）

ジャンケンなどで対話の順番を決め，勝ったほうから質問を行います。

・このとき教師は，導入したコミュニケーションストラテジーを生徒たちが使用しているか確認します。沈黙のペアがいる場合は，流れを確認し，コミュニケーションストラテジーを使うように促しましょう。

④1回目の自由対話の振り返り（1分）

　口頭で，日本語を使い振り返りの対話を行います。「話し合った内容」「言いたかったけど言えない表現」「次に気をつけたいこと」などを話し合います。

⑤2回目の自由対話（2〜3分）

　今度はペアを変え，同じ質問で自由対話を行います。

・2回目こそ改善のチャンス。また，多様な考えを知ることの面白さに生徒が気づく機会です。

⑥全体フィードバック

　2回目の自由対話の後は全体のフィードバックを行います。教師は2名指名し，同様のテーマで対話をしてもらいます。

・ここで生徒から出てくるミスは多くの生徒たちが共通して抱えている課題です。勇気づけながら全体へ向けてフィードバックをしましょう。

●「やり取り」を続けるコツ

　よくある自由対話の失敗パターンとして「生徒A：質問→生徒B：回答」の流れで終わってしまう場合があります。そう陥らないよう「質問を2人で最低5回はすること」などのルールを設けましょう。「質問すること」に焦点が当たると会話が続きます。

●ここがポイント！

・コミュニケーションストラテジーの中でも実際の会話でよく使われる "Did I make sense？" や "What do you mean？" は特に重要な表現です。

・全体のフィードバックでは evaluation より encouragement を届けることを意識しましょう。生徒の「話したい」欲求が高まります。　　　（芹澤和彦）

聞くこと

読むこと

話すこと［やり取り］

話すこと［発表］

書くこと

<table>
<tr><td>話す
Speaking</td><td>やり取り</td></tr>
<tr><td></td><td>発　表</td></tr>
</table>

話す Speaking	やり取り
	発　表

聞く Listening　**読む** Reading　**書く** Writing

パフォーマンステストにも使える！

カットアウトピクチャー 自己紹介

所要時間：15分〜　準備物：A4の紙 or 生徒のデジタル端末

新年度，授業開きなどで自己紹介をする機会は多いでしょう。書いたものを暗記…ではなく，やり取りのある自己紹介にしたいですよね。文字は書かずに，イラストを使った「カットアウトピクチャー」で自己紹介をしてみませんか。よりよく相手を知るために，「伝えたい！」「知りたい！」ことをやり取りしてみましょう。

●活動の手順

①A4の紙を配布します（白紙，もしくは2〜4つの枠を予め印刷しておいてもよい）。デジタル端末を使う場合は，Jamboardなどのアプリを活用することもできます。

②中央に自分の名前（ローマ字，漢字，ひらがな）を書きます。周りの枠には，自分を表すものをイラストで表現します。ポイントは，文字を書かないことです。

③イラストは何を描いてもOKです。ただ，自由度が高すぎて手が止まってしまう生徒がいるようであれば，右のような表現一覧を提示することもできます（中1に提示した資料，「京都府教育委員会からの挑戦状」を参考に作成）。

④個人で練習をします。カットアウトピクチャーを相手に見える位置で持ち，イラストを指さしながら話します。

⑤ペアを変えて何度も発表をします。やり取りのある自己紹介を目指すため，「相手との共通点を見つけよう」と伝え

64

ます。すると生徒は，"I'm a BTS fan. Do you like K-pop？" "I'm from Shiga. Where are you from？" など，質問を投げかけながら自己紹介をします。

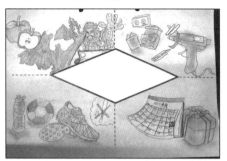

　　ALT と 1 対 1 で話すパフォーマンステストをゴールとすることもできます。中 1 の入学 2 か月後に実施した際，生徒からは次のような振り返りがありました。「最初のほうに比べると，とても成長したと感じた。自己紹介を 1 分なんてできないと思っていたが，日々英語の学習をしていくうちにリアクションや動詞のバリエーションが増えていき，結果的にやり遂げることができた。ALT の先生のことも聞き取れて，とっても嬉しかった！」

●ここがポイント！

・「何のために」行うのかの目的次第で，条件を変えながら行える自由度の高い活動です。やり取りのある自己紹介を目指す場合は，「相手との共通点を見つけよう！」と声をかけます。
・中 1 なら，小中接続を意識して，小学校で学んできたことをベースに入学後初めてのパフォーマンステストとして設定することもできます。

参考文献：中嶋洋一『「プロ教師」に学ぶ真のアクティブ・ラーニング "脳動" 的な英語学習のすすめ』開隆堂出版／京都府教育委員会からの挑戦状（http://www.kyoto-be.ne.jp/gakkyou/cms/?page_id＝220）

（井上百代）

聞くこと

読むこと

話すこと［やり取り］

話すこと［発表］

書くこと

帯活動で慣れさせる！

ポレポレ・カフェトーク

所要時間：5分　準備物：タイマー

ポレポレとはスワヒリ語で「ゆっくり」「ぼちぼち行こう」という意味です。「生徒に英語を話せるようになってもらいたい」「間違いを恐れずに英語を使う雰囲気を授業でつくりたい」という教師の願いを叶える，成果を焦らず行う活動です。

●活動の手順

①授業のはじめにテーマを出題

　話のテーマとなる話題を2～3個提供します。週のはじめには "What did you do last weekend？" 週末には "What are you going to do this weekend？" を入れると，予定を考える習慣がつきます。日記を書かせる工夫を施すと，自立した学習者の指導へ繋がります。

②教師の見本を示す

　教師がテーマについての自分の話をして，見本を示します。

③ジャンケンをする

　座席が隣りのペアとジャンケンをして，勝ったほうから話題を切り出します。

④カフェトークを行う（1分間）

　1ペア1分間，会話を行わせます。英語を話せない生徒がいてもその場は見守りましょう。モデルを示すこと，教科書の音読，自分の意見を書く活動など，様々な活動を通して徐々にできるようになります。

⑤モデルとなる生徒を指名し，教師と対話

　会話の様子からよく話すことができていた生徒にテーマの質問を行い，会話を行うことで，他の生徒にモデルを示します。

⑥違うペアと再度行う（1分間）

　座席の前後のペアで，再度会話を行います。

⑦挑戦していた生徒を指名し，教師と対話。

　英語が比較的苦手な生徒の中から，頑張っていた生徒に質問を投げかけ会話を行い，全員の前で大いにほめます。勇気づけましょう。

●より効果的なポレポレのために……

・**カフェで話すかのようにまったりと**

　話しながら笑顔溢れる雰囲気づくりを心がけましょう。音楽（BGM）をかけると話しやすい雰囲気をつくることができます。

・**環境を変化させていこう**

　1分での会話に慣れてきたら3分に増やしたり，ペアでやっていた会話をグループで行わせてみたり，環境をどんどん変化させていきましょう。

・**成果を試す場を与えよう**

　ネイティブスピーカーの先生にお願いをして，実際に対面して話す環境や，グループで話す環境を設定しましょう。「通じた！」という経験が，その後の意欲に繋がります。

・**「聞き方」を示すことが成功のカギ！**

　英語の「やり取り」がうまく成立するためには「聞き手」がカギになります。目線，相槌，身を乗り出し聞く姿勢や質問があれば，話す側は気持ちいいです。聞き手の学びとしてこれらを伝え，取り組ませましょう。

●ここがポイント！

・授業計画の中に会話活動を入れてから，残りの時間で通常の授業計画を行いましょう。授業はじめの10分間を活用することがおすすめです。

・「とりあえず話させてみる」ことが大事です。やりながら上手くいかない部分は改善していく。その精神でいけば必ずうまくいくようになります。

（大西陽介）

密にならずにペア活動！

オンラインインフォメーション
ギャップリーディング

所要時間：25分　準備物：ワークシート，ストップウォッチ

教科書の本文を活用した4技能5領域活動をオンラインで実施できたらと感じたことはありませんか。本活動はZoomを利用し，学習者が4技能5領域を統合的に活用できるインフォメーションギャップリーディング活動です。学習者はお互いにそれぞれの課題を達成します。

●活動の手順

①ペアを組む（2〜3分）

　Zoomのブレイクルーム機能で2人組をつくります。ペアが決定したら，事前に配布されたワークシートAとB（次ページ）のどちらかを選びます。

②個人で黙読（7分）

　ワークシートAあるいはBを個人で黙読，7分間でSTEP2まで進めます。

③ペア活動1回目（5分）

　ワークシートAを読んだ生徒はパートナーに理解した内容を伝えます。聞き手は話し手の情報をSTEP3の欄にノートテイキングします。その後，STEP4にある2〜3つの質問を話し手にします。時間が余ったペアはSTEP5を各自行います。

④役割を交代する（5分）

　手順③を繰り返します。

⑤クラス全体で内容理解確認（5分）

　ワークシートAとBにあるSTEP4の答えをクラス全体で確認し，内容理解確認を行います。生徒が理解しづらかった部分の解説はこの場で行います。

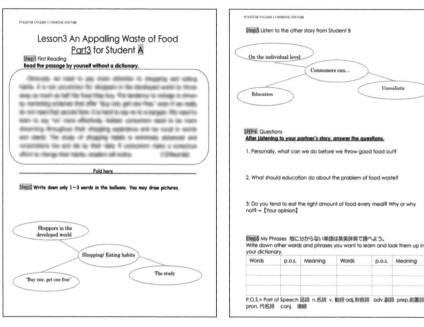

教科書本文を２分割したワークシート例

●留意点

教員の下準備は以下の通りです。

・教科書の内容やまとまりのある英文を事前に分割し，プリントＡとＢを作成。

・作成したプリントＡとＢは授業前に生徒へ配信。

・配布した２種類のプリントを指示があるまで読まないように促す。

●ここがポイント！

・ペア活動する際，ストップウォッチを使用することを事前に伝えます。

・生徒がペアで活動している間は，ジェスチャーなどがお互いに使えるようにビデオカメラをオンにして顔出しすると意思疎通しやすくなります。

（細　喜朗）

聞くこと

読むこと

話すこと［やり取り］

話すこと［発表］

書くこと

話す Speaking	**やり取り** 発　表

聞く Listening	読む Reading	書く Writing

探究学習にチャレンジ！

ノシアックプロセスで学びを深めよう！〈インタラクション編〉

所要時間：100分中の25分　準備物：探究テーマに関する英語の読解資料，ワークシート，テーマ関連資料，画用紙，太いマジックペン，iPad など

know 活動（p.50）の続き，think「考える」についてです。英語で得た情報を基に，他者と考えを交流します。使用言語は生徒の実態に応じて日本語も可とし，次の Act「行動する」を英語で行うために，考えや意見を整理することを目的とします。

●活動の手順（配当2時間中の第1時後半）

① think：課題英文から見出した問題点や課題について考えを深める（15分）

　know のパートで課題英文から読み取った事実，そこから見出された問題点や課題など，生じた疑問について調べたことなどの「知」を基に，グループで議論を深めます。そして，解決策や改善策の主張や提案を創り出します。

　考えを深める学習においては，グループ全員が自分の意見を表明できるように，グループに1名のファシリテーターを決め，タイムマネジメントを含め，ゴールを見据えた見通しある議論を進めるように伝えます。ファシリテーターは，グループのメンバーの発話量が均等に近づくように，話し手や話の流れをコントロールしていくよう努めます。

②発信で活用する発表提示用資料の作成（10分）

　本実践では，時間の都合も考え，グループで画用紙2枚分の資料を作成することとしましたが，活動の目的やねらい，評価に応じて，1人1枚作成させたり，ICT 機器を活用して作成させたりすることも可能です。

●発表資料作成の留意点

・資料に示す英語の分量を考えます。

・「思考ツール」あるいは「図示化」を必ず活用します。

・読み取った事実，問題点，グループで意見を交流し，考えた主張や提案を

効果的に示します。
・発信の「対象」（相手の特性，人数，場所）と「目的」を常に意識します。
・原稿は作成してもよいのですが，発表の際には見ることはできません。
・普段の発表・やり取りでも学習してきた効果的な伝え方（アイコンタクトや間，緩急，強弱，ジェスチャーなど）も改めて意識します。

　なお，発表時の評価の基準については，〈プロダクション編〉（p.102）を参照してください。

●活動の実際

　本実践では，本活動の目的と段階，生徒たちの実態を踏まえ，思考言語である日本語を使用しました。最終パートである Act「行動する」でのプロダクションに重きを置いていたので，そ  のための発信する内容は思考言語を用いて，「深く」意見交流・議論を進めたかったからです。

　一方で，ALT を活用し，真正の「インタラクション」を生む工夫をしました。生徒は議論の中で，発信のときに英語で表現したい内容を考え，それが適切であるのかを ALT に尋ねていました。あるいは，自分たちの発言が英語として通じるのかを聞いてもらったりしていました。ALT とのインタラクションが，オーセンティックな英語活用の場となり得ます。

●ここがポイント！

・活動の目的やねらい，生徒の発達段階や実態に応じて，インタラクションで使用する言語を選択するとよいでしょう。
・発信に活用する資料の作成は，画用紙とペンを用いても可能ですが，iPadやパソコンなど ICT 機器の積極的な活用も期待できます。　　　　　（中島義和）

ペア & グループ活動が盛り上がる！

タイムトライアル Q&A

所要時間：5分　準備物：消しゴム，ステッカー

授業開始時に教師のスモールトークが盛り上がらないと感じたことはありませんか。この活動では，ゲーム感覚で，授業開始の導入を盛り上げることができます。広島県の胡子美由紀先生の実践を参考にした，ペアやグループでQ＆Aをさせる活動です。

●活動の手順

①テーマと最初の生徒の決定

　教師は，好きな動物や週末にしたことなど，いくつかテーマを準備しておきます。授業が始まると，生徒はペアやグループになり，ジャンケンをします。勝者が最初に質問を出す生徒になります。

②消しゴムを回しながらQ＆A

　合図と共に生徒は，時計回りで質問をしていきます。消しゴムを渡された生徒が質問に答えます。消しゴムを渡された生徒は，質問に答えた後，次の質問をしながら消しゴムを回します。教師が時間を計り，設定した時間になったら全体に伝えます。Q＆Aを何周できたかを記録させます。

③最後に消しゴムを持っていた生徒のQ＆A

　時間になったときに，消しゴムを持っていた生徒は解答者になります。グループの場合，左隣の生徒が質問者になります。解答者は質問者の出す質問に１問答えます。

④最優秀ペア・グループの確認

　一番Q＆Aが続いたグループを表彰し，ステッカーを配ります。ステッカーは１枚のプリントに貼って蓄積しておきます。

●やり取りを促す工夫

・良い雰囲気の中で活動するための事前指導

　手順③では，最後に消しゴムを持った生徒が起立します。その生徒がラッキーパーソンであることを予め伝え，良い雰囲気の中でQ＆Aができるように指導しましょう。また，「嫌いな人は誰？」のような相手を不快にさせる質問にしないように，事前に指導をしましょう。

・ステッカーで動機づけ

　手順④で集めたステッカーは予め配布したプリントに貼るように伝え，学期末に評価の対象にすると，生徒がチームとして取り組むことにやる気をもつことができます。

・協同した活動へ

　グループ内で困っている生徒がいれば，How ○○？や What ○○？など，疑問文の最初の部分をアドバイスするように指導しましょう。

●ここがポイント！

・Q＆Aの形ができるようになってきたら，「質問に対して2文以上で答える」などの負荷をつけることができます。

・回答者に合わせた質問のトピックにするなど，協同してどれだけ会話が続いたかを意識するように事前に指導しましょう。どれだけ多く続けられるかを大切にして取り組ませましょう。

参考文献：胡子美由紀著『生徒をアクティブ・ラーナーにする！英語で行う英語授業のルール＆活動アイデア』（明治図書）

（渡部　諒）

聞くこと

読むこと

話すこと［やり取り］

話すこと［発表］

書くこと

| 話す
Speaking | やり取り |
| | 発表 |

| 聞く
Listening | 読む
Reading | 書く
Writing |

パッと英語脳に切り替える！

いきなり！クエスチョン

所要時間：3〜5分　準備物：アニメキャラクター，芸能人など生徒にとって身近な存在の写真

英語を話す雰囲気を授業内でどうつくりますか。授業の最初の挨拶の後を活用して，生徒同士が英語を使用して簡単なクイズを出し合うことで，英語脳への切り替えと，ペアで楽しみ，その後のペアワークを円滑に進めていくための活動です。

●活動の手順

① BGM で雰囲気づくり

　休み時間から教室にいき，洋楽を BGM として流します。

②あいさつ＆いきなりクエスチョン

　授業の最初の挨拶をした直後，起立したままスタートします。"Good morning, everyone！" "How are you？" など，いつもの挨拶をした後に，ペア同士英語で簡単なクイズを出し合います。BGM を引き続き流します。

③終了報告

　終わったペアは教師のほうを見て，"We finished！" "We did it！" と大きな声で言わせて座ります。最後のほうのペアの活動が長引く場合もありますが，ある程度周りを見て，活動の途中でも座らせます。あくまでウォーミングアップですので，全員が最後まで続ける必要はありません。

●クエスチョンの種類

　次の活動①，②のように，ある程度パターン化しておくと，生徒も教師も楽にウォーミングアップができます。

① Subjects in English

　簡単なたし算，ひき算，わり算，かけ算を行います。英語は得意ではないけど，数学は得意という生徒も自信を持って英語を口にすることができます。

（例）

A：One plus one equals…. B：Two！

A：Two times four equals…. B：Eight！

A：Nine divided by three equals…. B：Three！

　これらを互いに2～3問ずつ出し合い，答え終わったら教師に合図を出して座るという流れです。最初はたし算，次回はひき算，その次はかけ算などパターンを変えると飽きずに取り組むことができます。生徒の学習状況に応じて，分数やマイナスとマイナスのかけ算などを入れます。数学の先生に今何を生徒は学習しているか聞いてみるといいでしょう。また数学だけでなく，社会科で応用してクイズにすると，"When was Honnoji no hen？" と聞くと，英語で1582年の言い方も学べますし，歴史の学習にもなります。

② Picture describing

　立ったままペアで向かい合わせます。教師が事前に用意したスライドや写真を片方のペアのみに見せて，英語で考えさせます。その後，30秒間で相手に英語で伝えます。このとき，写真の横に，日本語でいくつかヒントを与えておきます。既習事項を使って言えそうな表現に絞ると復習になります。

（例）名探偵コナン，ドラえもん，クレヨンしんちゃん，ダウンタウンなど

　　誰でも知っている存在や，ライオンやイルカなど動物，野菜や果物でもOK。

●ここがポイント！

・スライド作成の時間が取れない場合は，生徒自身にお題を考えさせましょう。生徒同士で3ヒントクイズをすると，たいへん盛り上がります。

・何事も最初が肝心です。授業の最初の5分を英語で始めることができれば，生徒と教師共に，授業内での英語使用のハードルが下がります。

（福井彬人）

討論ってこんなに簡単だったんだ！

ウォームアップ ピンポンディベート

所要時間：約15分　準備物：ワークシート

ディベートはなかなか敷居が高くて，実施が難しいと感じたことはありませんか。ピンポンディベートはディベートを簡単に実施できる活動です。ディベートがスムーズに実施できるように補助シートがありますので，安心してリズムよくディベートを楽しめます。

●活動の手順

①個人でアイデアを出す（5分）

配布されたワークシート（次ページ）のお題（例：Do you agree that men should take paternity leave？）に対して，賛成・反対側の両方の理由を3分間でできる限り書き出します（STEP 1）。PC などが利用できる場合は検索しても構いません。

②ペア活動1回目（3分）

ペアを組み，賛成側か反対側になるかを決めます。2分間の時間制限内で先にアイデアが出なくなったほうの負けです。すべて英語で行います。相手から得たアイデアを自分のプリントにメモしておくと，次の活動で自分の意見として利用することができます（STEP 2）。

③ペア活動2回目（3分）

ペアを変え，2回目を手順②と同じ流れで繰り返します。

④クラス全体で共有（3分）

2回目のディベートが終了したら，クラス全体で賛成側と反対側の理由を出し合い，共有します。この共有により，より多くの考えを知ることができます。

Ping-Pong Debate

Do you think it is better for doctors to tell patients the truth?

STEP1　Write the good points of A or B.

【A】Should tell the truth		【B】Should tell a lie	
1	because （　　　　　）	1	because （　　　　　　　）
2	because （　　　　　）	2	because （　　　　　　　）
3	because （　　　　　）	3	because （　　　　　　　）
4	because （　　　　　）	4	because （　　　　　　　）

STEP2　Let's play the debate

【A】	I think that 【　　　　　　　　　】. because (reason) 自分が考えた good point を１つ選んで話す.
【B】	You think that 【　　　　A　　　　】. because (repeat) 　相手が言った理由をリピート　 but I don't think so, because (reason) 即興で相手の理由に対して反対 しよう I think that 【　　　　B　　　　】. because (reason) 自分が考えた good point を１つ選んで話す.
【A】	You think that 【　　　　B　　　　】. because (repeat) 　相手が言った理由をリピート　, but I don't think so because (reason) 即興で相手の理由に対して反対しよう I think that 【　　　　A　　　　】. because (reason) 自分が考えた good point を１つ選んで話す.
【B】	上記繰り返し

ワークシート

●ここがポイント！

・賛成・反対側とも生徒が答えを出しやすいようなお題を選ぶためには，教師が事前にインターネットなどで下調べしておくことが重要です。

（細　喜朗）

嘘を見抜け！

三文自己紹介

所要時間：20〜30分　準備物：メモ用紙（Ａ5サイズ程度）

自分についての真実を2文，嘘を1文それぞれ英語で作成し，グループで質問をしながらどれが嘘かを見抜く活動です。ゲームを楽しみながら，相手の発言を聞いて英語で質問する力や，応答する力が身につきます。"Two Truths, One Lie" として英語の授業でよく使われている活動です。

●活動の手順

①英文を作成（3分）

　自分のことに関して，本当の文を2つ，嘘の文を一つつくります。あとから発表しやすいように，紙にメモをしておきます。

　　例）　1 . I like to swim.

　　　　　2 . I was born in Kyoto.

　　　　　3 . I have been to Hawaii.

・「現在完了形を使う」など，使用する文法事項を指定することで，文法事項の定着練習にもなります。

・"Make sentences about your summer vacation." など，長期休みの出来事を発表し，共有する活動にもできます。

②作成した文の発表，質問（3分）

　3〜5人程度のグループをつくり，発表する順番を決めます。最初の生徒が自分のつくった英文を発表し，残りの生徒がその英文について質問をします。

　　例）How often do you swim ?

　　　　Where in Kyoto were you born ?

　　　　What did you do in Hawaii ?

・グループ内で質問する人が偏らないように，順番に質問をするのがよいで

しょう。

③推理（1分）

　質問をしていたグループメンバーで，どの文が嘘だと思ったかをそれぞれ共有し，相談をしたうえで，グループとしての予想をまとめます。

・相談も日本語ではなく英語で行えるとベストです。"I think No. 1 is a lie, because …" といった型を示しておくと発話がしやすくなります。

④正解発表（1分）

　グループで予想した答えに対して，発表者の生徒が正解を示します。

⑤次の発表者へ

　次の発表者に移り，②〜④の手順を繰り返します。

●留意点

・はじめて取り組む際には，どんな文をつくればいいか，またどんな質問をすればいいか困る生徒がいることが予想されます。生徒が文をつくり始める前に，まずは指導者が例文を3つ示し，それに対してクラス全体に質問をさせる，というデモンストレーションを行うと，スムーズに活動に入ることができると思います。

・グループの人数が異なると，人数が多いグループの最終発表のタイミングで，他のグループに待ち時間が生じます。「もっと突っ込んだ質問を英語でしてみよう！」といった声かけがあるとよいでしょう。

●ここがポイント！

・順番に発表者が変わることで，すべての生徒が自分のことについて話をする機会を保障することができます。

・グループで「嘘を見抜く」という共通の目的を持つことで，なるべくたくさんの質問をしようとする動機づけをすることができます。

（西川　光）

発話力も思考力も高まる！

マッピングディスカッション

所要時間：約30分　準備物：教科書，ノート，ワークシート，辞書

マッピングで自分の意見（思考）を「見える化」し，そのマッピングを使ってディスカッションをするという活動です。本文の内容理解を深めつつ，生徒の「思考力」を伸ばします。自分だけでなくあらゆる「他のリソース」を活用することで，生徒の思考をより広げて深めるねらいがあります。

●活動の手順

①マッピング（5分）

　教科書の内容に関する発問に対して，マッピングで「自分の意見」をまとめます。

・教科書，ノート，プリント，辞書，他の生徒，教師などの「リソース」を最大限活用しながら，マッピング（思考）をどんどん広げて深めていくことが大切です。

②ペアディスカッション（3分×2）＋相互評価（1分）＋修正（2分）×2

　4人1組をつくり，2つのペアに分かれます。一方のペアがディスカッションを行い，もう一方のペアが評価表（ルーブリック）を基に評価します。評価者は相手に点数・コメントを伝え，被評価者はそれらをワークシートに書き込みます。その後，教師から全体へフィードバックを行います。生徒は自らの気づき，生徒や教師からのフィードバックを参考に，マッピング（思考）をさらに広げたり修正をします。その後，同じ流れで2回目に取り組みます。

・評価表は「客観的」かつ「シンプル」にしておくと，相互評価がしやすいです。

・修正の機会をつくることで，2回目以降の「発話の質」が高まります。

③ライティング（8分）

　マッピング，ディスカッションの内容を参考に，「自分の意見」をライティングします。その後，ペアで評価表（ルーブリック）を基に，相互に添削します。

④スピーチ（1分）

　まとめの活動として，「自分の意見」を「自分の言葉」で相手に1分間で伝えます。

・原稿は見ずに，「自分の言葉」で伝えることで，スピーキング力の向上に繋がります。

ワークシート・ルーブリック

●ここがポイント！

・マッピングの際に個人だけでなく，あらゆるリソース（教科書，ノート，プリント，辞書，他の生徒，教師など）を活用することで，自分の中にない視点や考えが生まれます。

・1回目のディスカッションの後に「修正」の時間を取ることで，思考がより広がり深まり，2回目の「発話の質」が高まります。

（浅野雄大）

アイコンタクトに慣れさせよう！

エスパーは誰だ？

所要時間：10分　準備物：小さく切った紙（4枚×生徒の人数分）

"What's this ？" "It's a ~." の復習をウォームアップとしてできる活動です。アイコンタクトの練習もすることができます。

●活動の手順

①用紙の準備（2分）

　それぞれが4枚の紙に記号を念を込めて描きます。記号は♡や◇や動物など何でもいいです。描くのにあまり時間をかけすぎないように注意です。

②エスパーゲーム開始（8分）

　(1)　ペアになりジャンケンをします。

　ジャンケン勝ち→描いた用紙から1枚選び相手に見えないように持って "What's this ？" と聞きます。

　ジャンケン負け→相手の目に映る記号を見ながら "It's a ~." と答えます。

　(2)　1分間同じことを繰り返し，ジャンケンに負けた人は答えが当たった回数を正の字を書くなどしてメモしておきます。

　(3)　1分後，役割を交代して同じことを繰り返します。

　(4)　ペアを変えて繰り返します。

　(5)　当たった回数を聞き，一番多く当てた人をエスパーとしてほめたたえます。

●ここがポイント！

・机間巡視をしながら発音指導をしましょう。特に "What's" "It's" の ts の発音ができない生徒が多いので意識して発音させましょう。

・「相手の目に答えが写っている」と強調して言い，アイコンタクトを意識させることも大切です。

（米田理英）

音楽プレイヤーアプリ　Audipo

Audipo とは

　Audipo（オーディポ）は iPhone や iPad 端末，Android 端末で使うことができる無料のアプリケーションです。教科書や問題集などに付属の CD 音源を端末にダウンロードすることで使うことができます。

Audipo でできること

●音声のスピード調整

　Audipo を使うことで，0.5倍から 2 倍まで変えることができます。0.1ずつ調整ができるので，1.5倍速や 2 / 3 倍速など，さらに細かいスピード変更も可能です。（上図）

●音声のリピート

　マークを音声の好きなところにつけて，リピート再生することもできます。（下図）

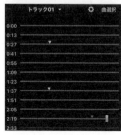

Audipo の活用例

●音読

　英語を音読するときに，生徒の理解度に合わせてスピード調整をします。

●ディクテーション

　既習単元の音声をスピードを上げて聞かせながら書き取りさせます。

●リスニング

　リスニングの音源のスピードを調整して，理解度に合わせて負荷を加えます。

（渡部　諒）

プロダクション
［話す（発表）］の
活動アイデア

４コマリテリング

所要時間：約35分　準備物：ワークシート

教科書本文の内容を４コマでイラスト化し，その絵を使ってリテリング（再話）をするという活動です。本文の内容理解を深めつつ，生徒の「表現力」を伸ばします。４コマで「起承転結」をつくることによって，本文の内容を要約する力も身につきます。

●活動の手順

①本文を４コマでイラスト化（５分）

　既読の本文を使って内容をイラスト化し，「起承転結」になるように４コマで要約します。

・生徒の英語力によっては，最初は日本語訳を見ながらでも構いません。

・「お絵描きの時間」にならないよう，時間設定に注意！

②リテリング練習（５分）

　「絵だけを見て」話せるようにします。

　発表の中で「やりとり」ができるよう，本文に関連した「簡単な質問」を入れましょう。

　　例）"Do you know ～？ Have you ever ～？"

　本文に対する「自分の意見」を付け加えます。

　　例）"I think ～ because…"

・原稿を見ながらの発表は NG。

③４コマリテリング（２分×２）＋相互評価（１分）＋修正（２分）×２

　ペアの一方がリテリングし，直後にもう一方が評価表（ルーブリック）で評価します。評価が終わったら，コメントをして役割を交代します。その後，１回目の評価やコメントを参考に，リテリングの内容を自分で修正し，ペアを変えて２回目を行います。以下，同じ流れを繰り返します。

・評価表は「客観的」かつ「シンプル」にしておくと，相互評価がしやすいです。

・修正の機会をつくることで，2回目以降の「スピーキングの質」が高まります。

④ライティング（8分）＋相互添削（2分）

　ライティングシートに，4コマリテリングの内容を英作文した後，ペアでワークシートを交換し，評価表（ルーブリック）でお互いの文章を相互添削します。

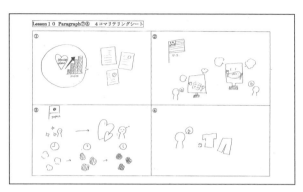

ワークシート・ルーブリック

回収して教師添削し，後日返却します。

●ここがポイント！

・シンプルな評価表をつくることで相互評価がしやすくなるだけでなく，ほかの活動でも使うことができます。

・若干負荷は大きいですが，その分しっかり取り組めば必ず生徒に力がつきます。

（浅野雄大）

87

役割を全うする楽しさを！
ジグソーピクチャー ICT リテリング

所要時間：30分　準備物：生徒人数分のタブレット

様々な活動形態があるリテリングですが，私のおすすめは「ジグソー法」を用いた活動です。グループで役割を分担しながら4分割した簡単な絵を完成させます。作成した絵を基に一人ひとりの生徒が色づけをし，教科書内容や自分の意見を表現することができます。単元の後半の復習として効果的です。

●活動の手順

①役割の提示

　4つの役割をつくり，生徒は役割を選びます。

1　リーダー…チームの責任者。全員の学びをマネジメントすることが目標。

2　モデレーター…残り時間を考え，グループでの活動の進捗をコントロールする人。

3　ティーチャー…本文に関して積極的に質問をすることでグループ内の理解を深める人。

4　ドローワー…グループメンバーの意見を参考にしながら絵を描く人。

②グループワーク1：本文内容の確認（10分）

　グループで教科書本文の内容を確認します。わからない箇所を話し合ったり，調べ合ったりすることで内容の理解を深めます。ドローワーはこの間に図のような4分割の絵を描きます。本文の内容をどう4分割するかは，グループで話し合います。

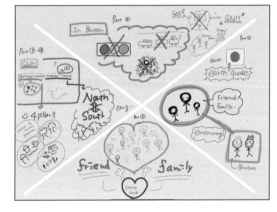

③グループワーク２：キーワード／キーフレーズの記入（5分）

　ドローワーが書いた絵をグループ内４人の生徒同士で共有できたら，一人ひとりの生徒が，自分の使いたいキーワード／キーフレーズを絵に書き込みます。キーワードやキーフレーズの種類・数は生徒個人で決定させましょう（得意な子で３個〜苦手な子で８個ほど）。記入後は個人で練習します。

④グループ内リハーサル（5分）

　個人での練習の後は，一度グループ内でリハーサルを行います。４人いるので，目の前の人に対して絵を使って発表させましょう。生徒同士タブレットをもっている場合は動画撮影を行い，発表者に送ると，発表者もメタ認知ができます（QRコードに，このときの動画をご紹介します）。

⑤ジグソーリテリング本番（10分）

　②や③のタイミングで，各グループの一人ひとりに１〜４（５〜８）の番号を振っておきます。40人クラスであれば１〜４の番号が５グループ，５〜８の番号が５グループとなります。与えられた同じ番号同士の４人が集まり，１人ずつ順番に発表をします。

・１回終わるごとに必ず教師からのフィードバックを端的に行いましょう。

⑥チャレンジスピーカーの発表

　時間が余った場合は，ぜひチャレンジしたい生徒に全体へ向けて発表してもらいましょう。

●ここがポイント！

・発表の時間を１人２分と設定した場合は，２分きっちりと時間を使わせましょう。早く終わった生徒も座らせないよう時間感覚を身につけさせます。

・発表後にライティング活動と結びつけることで言語習得に関する効果が増します。「自己調整ライティング」（p.134）に結びつけるとさらに効果的です。

（芹澤和彦）

オリジナル情報の追加で飽きさせない！

紙芝居リテリング

所要時間：50分〜　準備物：教科書の挿絵（ピクチャーカード）

教科書本文を読んだ後の活動として，リテリングを紙芝居のようにやってみます。教科書内容の再現に留まらず，オリジナル情報を足しながらリテリングをします。同じ題材を基にしながらも，人によって違う情報が聞けるので，聞き手側もリアルな反応が生まれます。

●活動の手順

①紙芝居リテリングの「目的・場面・状況」の共有

　ただの教科書内容の再現にしないためには，リテリングをする必然性を生徒と共有することが大事です。例えば，日本のお正月を扱った題材なら「日本で初めてお正月を過ごす ALT に，Japanese New Year's Day について伝えよう」，オーストラリアへ旅行に行った題材なら「登場人物になりきって，クラスメイトにオーストラリアの思い出を伝えよう」というように，「誰に」「何のために」伝えるのかを共通理解しておきます。

②本文の内容理解と音読練習

③構想を練る

　どの情報を伝えるか，どんなオリジナル情報が追加できるかを考えます。

④ペアやグループでリテリング

　デジタルの場合は，生徒の端末に挿絵をスライドなどで配布します。スライドの順番は，生徒が自由に編集できるように設定しておきます。紙の場合は，挿絵を A4 サイズでカラーコピーし，クリアフォルダに1枚ずつ入れておきます（長持ちし，グループで使い回すことができます）。

　1分程度でリテリングをします。話し手が一方的に発表するのではなく，相手に質問をするなどやり取りを入れるように促します。

・リテリング本番！オリジナルの表現と「自分の言葉」があふれ出す

　中1の2月に生徒が行ったリテリングを紹介します。オーストラリア旅行に行った登場人物になりきり，4人グループで発表する場面です。

S₁：I went to Australia last month. <u>Because my sister lives there.</u> I walked along the beach with her. <u>It's winter in Japan,</u> but it's summer there now. <u>I saw the beautiful blue sea. Do you like the sea？</u>

Ss：Yes.

S₁：Me, too. Look！ I went to a sanctuary. Mother kangaroos and koalas have pouches. They carry their babies in them. <u>Kangaroos can run fast and jump high. Koalas are in the tree. They can sleep 22 hours a day！</u>

S₂：Really？ I didn't know that！

S₁：Many, many hours！ Which do you like, koalas or kangaroos？

S₃：I like koalas.

S₂：I don't like animals, but I like emus.

S₄：Emus are animals！

S₁：Yes！ They are cute. <u>I enjoyed Australia very much.</u> Thank you.

　　下線部は，教科書本文にはない生徒のオリジナル情報です。話し手であるS₁に対して，聞き手側の生徒たちもリアクションをしています。

●ここがポイント！

・リテリングは，全員が同じ教科書本文を基にして活動をするため，ともすれば「また同じ話……」と退屈になってしまいがちです。だからこそ，オリジナリティが出せるように場面設定を工夫してみましょう。すると，「こんな情報を入れてみよう！」と生徒は考え出し，ネットで情報を集めたり，本文をアレンジしたりし始めます。教科書の表現が「自分の言葉」となっていく感覚を生徒は楽しみながら，生き生きと取り組みます。

（井上百代）

創造性を刺激する！

スリーカードスピーチ

所要時間：5〜10分　準備物：英単語を書いたカード10枚程度

単語が書いてある10枚程度のカードの中から3枚を引いて，そのカードに書いてある単語をすべて使って即興でスピーチをします。カードには写真やイラストを貼っておくのもよいでしょう。かなり難易度の高い活動ですが，やりがいはあります。生徒の実態に応じてカードの枚数は調整可能です。

●活動の手順

①カードを引き，単語を共有する（1分）

　10枚程度のカードから3枚のカードを引きます。クラス全体の前で代表の生徒が行う場合には，その単語を板書して全体で共有できるとよいでしょう。ペアやグループで行う場合には，引いたカードを聞く人が把握できるようにしましょう。

②スピーチをする（1〜2分）

　引いたカードに書かれた3つの単語を使いながら，即興でスピーチをします。時間は生徒の実態に応じて調整可能です。

③振り返りやフィードバックを与える（1分）

　聞き手から話し手にフィードバックを与えたり，話した本人が自分のスピーチを振り返ったりする。以下，時間があれば取り組んでみてもいいですね。

④英文を書く（5分）

　選んだ3語を用いて，簡単な英文を書きます。エッセイやストーリーなど，同じ3語であっても，即興スピーチの際とは異なる感覚を味わうことができます。また，その3語とじっくりと対峙することで，「こういう流れでストーリーを構築できたな」と振り返りつつ，スピーチの再構築に繋げることも期待できます。

●即興力を高めるための教師のサポート

本活動には，次の２点を意識しましょう。

1　「足場かけ」となる学習を設定する

　いきなり本活動に取り組むにはハードルが高いと思われますので，そこに至るまでの「足場かけ」が必要でしょう。まずは，示された一つの単語に関して小さなスピーチを行うところから始め，単語の数を増やしていったり，３つの単語を用いて原稿を書く練習をしたりと，生徒の実態に応じたプレトレーニングを設定し，実践しましょう。その学習を通して，生徒が何を困難と感じているのかを捉え，その困難を取り除く「足場かけ」を与えましょう。

2　カードに示す単語を綿密に選ぶ

　活動の初期段階では，10枚のカードに書く単語は，生徒たちが即興的なスピーチをつくりやすいように意図的に，綿密に選択する必要があります。瞬間的に引いた単語を組み合わせて，文脈のあるまとまりのあるストーリーを描くことができるように工夫した単語選択が求められます。

　例えば，「１日の生活」のスピーチを想定して get, bath, breakfast, school, study, face, watch, bus, dinner, bed の10語を選んだとします。この中からの３語であれば，比較的ストーリーを描きやすいでしょう。この活動の面白みは，教師の意図とはかけ離れて，全く別のストーリーが生まれる可能性が期待できるところです。その際には，生徒の想像力や独創性をほめたたえることで，次回へのモチベーションを高めさせたいものです。

●ここがポイント！

・内容が順序性の高いスピーチから始めると取り組みやすいかもしれません。例えば，中学１年生の「１日の生活」についてのスピーチです。

・スピーチを録音し，それを文字起こしさせることで，自分のスピーチを分析的に振り返ることもできます。

（中島義和）

| 話す
Speaking | やり取り |
| | 発表 |

| 聞く
Listening | 読む
Reading | 書く
Writing |

もっと伝われ！

オートマスイッチ自己紹介

所要時間：（準備）20分（発表）一人当たり3～4分　準備物：パワーポイントのフォーマット，PC・プロジェクターが使える環境

パワーポイントスライドショーの「自動切り替え」機能を使って，スライドごとの時間制限がある中で自己紹介を行う活動です。暗記した英文をそのまま暗唱するのではなく，「聴き手に伝える」ということへ意識を向けた発表を行うことができます。

●活動の手順

まず，準備として，パワーポイントのフォーマットを用意します。「画面切り替え」タブの「自動切り替え」をオンにし，30秒で設定します。以下にスライドの例を示します。

スライド案

①導入：ペアでインタビュー

ペアでお互いのことを聞き合うやり取りを行います。

（例）What is your hobby？　What do you like to do on holidays？

What animal do you like？　What club do you belong to？

94

・いきなり自己紹介のスライドを作ろうとしても，何について話すか困る生徒もいると想定されます。まずはペアでお互いに質問をし合うことで，この後のスライド作成で何を取り上げるか構想を深めることが目的です。

②スライド作成

　インタビューの中で出てきたキーワードから，それぞれ好きなものを３つ選び，それを表すイラストや写真をスライドに１枚ずつ貼りつけます。

・１人１台PCが使える環境が必要なため，コンピュータ室を利用する，宿題として各自で作業してくるなどの工夫が必要です。

③発表練習

　自分の選んだキーワードについて，30秒程度アドリブで話をする練習をします。

　例）My hobby is playing the piano. I started playing the piano when I was 5 years old. …

・原稿を作って覚えるのではなく，そのキーワードについて30秒話し続ける練習をしようと意識づけることが大切です。

④発表

　一人ずつ前に出てきて，準備したパワーポイントのスライドショーを開始し，スライドの切り替えにタイミングを合わせて自己紹介を行います。

・時間に余裕があれば，質問の時間を設けましょう。「もっと聞きたい！と思ったことを質問しよう」「時間内に一人一つは質問してみよう」などの声かけがあると，生徒たちからの質問が活発になります。

●ここがポイント！

・緊張感のある活動ですが，聞き手に伝えることや，正確さより流暢さを意識した発表をすることができる活動です。

・スライドの自動送り機能を使って，教科書本文のリテリング活動も行えます。その場合は，指導者が予めスライドを用意しておくとよいでしょう。

（西川　光）

95

話す Speaking	やり取り
	発 表

聞く Listening	読む Reading	書く Writing

スパイラルに学びを積み上げて！

登場人物ビルディング

所要時間：15分程度　準備物：なし

新しい登場人物に出会ったときや，新たに登場人物の情報に出会ったときにおすすめの活動です。一日一日ビルを高く建てていくイメージで，登場人物の情報が出てきたら，昨日までよりも発展させた登場人物紹介をつくり，プレゼンテーションに繋げましょう。紹介を通して，知識・技能を身につけます。

●活動の手順

①登場人物についてまとめる（5分）

　本文学習後に，登場人物について自分の言葉でまとめる時間を取ります。

　新登場の場合は，自分の言葉で紹介をするつもりでまとめ直し，既に登場している人物の場合は，前回までの情報を編集してまとめます。

②個人やペアで発表の練習をする（5分）

　個人で発表練習をした後，教科書やタブレットの画像をペアに見せながら，お互いに考えた登場人物紹介を行いましょう。

③2～3人を指名して全体の前で発表

　電子黒板やスクリーンに投影した画像を指しながら，登場人物の紹介をさせましょう。教師は後ろからタブレットやビデオカメラで発表の様子を撮影しておくと，その後の評価や振り返りで使用することができます。

④次の授業時間のはじめに，登場人物について振り返る

　「前回のあらすじ」として，登場人物の紹介を行いましょう。その際に，まずペアでお互いに確認させた後，③の発表で最も上手に発表できた生徒の動画を使用すると，生徒が授業づくりの当事者意識をもつことができます。

●確かな力をつけるために必要なこと

①最低限の制限をかけましょう

文の数を制限したり，使用する文法表現を設定したりすることで，英作文をする際に，文の意味を考えながら工夫をするようになります。

②１回だけの活動ではなく，年間を通して定期的に行いましょう

教科書の登場人物は，生徒たちと同じようにどんどん成長します。年度の途中で新しいことを学ぶこともあります。家族も登場します。それに合わせて，情報をどんどん更新して話せるようになっていきましょう。

③学年が進むにつれて，課題の難易度を高めていきましょう。例えば，

（中１）　教科書通り説明する。

（中２）　教科書通り説明した後，I think を使って自分の意見を述べる。

（中３）　教科書通り説明しながら，聞いている生徒に質問させる。

のように，最終的にどんな発表ができてほしいかを考え，課題を進化させていくことで，より深く学び合うことができるようになります。

④聞き手を育てよう

発表活動の精度を高めるために大事なのは，スピーカーよりも寧ろリスナーを育てることです。聞いている際に発表者のほうに身体を向ける，笑顔で聞く，相槌を打つ，合いの手を入れる，拍手をする，時には質問するなど，発表者が話しやすい環境づくりをしていきましょう。

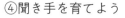

●ここがポイント！

・継続は力なりです。登場人物の情報が出てくるたびに行いましょう。１学期より２学期，２学期より３学期と紹介の精度が高まっていきます。

・発表の聞き方を，時間を取って練習することをおすすめします。相槌の打ち方や反応の仕方など，年度はじめに全員で楽しみながら練習しましょう。

（大西陽介）

自然と質疑応答が生まれる！

あなたの理想の人は？

所要時間：100分（準備時間を含む）　準備物：パワーポイント

自分の理想の人を関係代名詞の主格を使って発表します。3文以上の英文で言うように指示を出すと，生徒はいろいろな英語を使おうとします。生徒の興味がある内容なので，積極的に聞く生徒が多くなります。

●活動の手順

①発表内容の英文作成とパワーポイントの作成（50分）

　I like the men（women）who ~. という英文とその英文を表すパワーポイントを作成させます。

・英文は Google 翻訳や DeepL などを使って作成させてから，担当の先生が確認すると先生の労力が減ります。ALT が手伝ってくれるとなおいいです。

・英文を表すパワーポイントはあくまでイメージでいいです。プレゼンテーションの練習も兼ねますので，発表内容とリンクしたパワーポイント作成の指示をしっかり出します。

②発表会（50分）

　暗唱して発表をさせます。

・プレゼンテーションなので評価基準を示してから行うといいです。

◎評価基準例

①暗記をしている	○ or ×
②聞いている人を見て発表している	○ or ×
③ I like the men（women）who ~ を使っている	○ or ×
④パワーポイントのスライドが内容と合っている	○ or ×

※できていれば○，そうでなければ×と単純なものにしています。

・全員全てに〇がつくように準備させ，指導してから発表会を行います。
・発表者に対して英語で質問をさせ，質問した生徒も評価すると盛り上がります。

●留意点

・クラスの人間関係が良好であるとかなり盛り上がる内容です。女子校で行ったときは，積極的に発表者に質問する生徒が多くて非常に盛り上がりました。共学の場合，「欲しいもの」と内容を変えることもできます（例：I want dogs which don't bark.）。または，関係代名詞の目的格を取り扱い，I want a car which can fly. のように，まだこの世にないけど，あればいいと思うものを伝えるなどすると，発表に深みが出ます。
・関係代名詞を使った発表活動をすることが目的のため，英文作成のときに主格の who を使って英作文ができているかを確認する必要があります。関係代名詞をよく理解していないと "I like a handsome man. He is tall. He can run fast." のように関係代名詞を使わずに英作する生徒が出てきます。この発表をする前に，生徒がしっかりと関係代名詞の主格を理解し，使うことができるかを確認する必要があります。

●ここがポイント！

・理想の人について書くことがないときは，尊敬する人など内容に柔軟性を持たせると生徒は書きやすくなります。
・発表内容について質疑応答などやり取りがあると，全員が参加している発表となります。

（米田理英）

| 話す
Speaking | やり取り |
| | **発表** |

これは何でしょう？

| 聞く
Listening | 読む
Reading | 書く
Writing |

所要時間：8分　準備物：写真

身近なモノなどを英語で説明する力を養う活動です。この活動はクイズ感覚で行うことができ，英語で何かを説明する力の育成に繋がります。ジェスチャーを禁じ，あくまでも英語で伝える，ということに注力させることができます。

●活動の手順

①ペアを組む（2分）

　2人組をつくります。その後，互いにクイズを出す順番をジャンケンで決めます。

②ペア活動1回目（3分）

・ジャンケンで負けた生徒（A）は目をつぶり，ジャンケンに勝った生徒（B）は教員から提示された写真（例えば，バナナ）を見ます。

バナナの例

・Bが写真を認識した後，Aに目を開けるように指示します。

・1分間で，BはAに"バナナ"という単語を使用せずに相手にバナナの特徴を伝えます。Aは答えがわかったら，I got it！と言います。

・1分経過した後，答えをクラスで確認し，どのようなヒントを使用したかクラスで説明例を共有します。

・最後に，クラス全体でバナナという英単語をどのように英語で説明するの
か英英辞典の定義を参考にします。教員が以下のように定義を書き換えて
提示するのも可です。この一連の流れにより生徒の表現力が広がります。

(1)　My color is yellow on the outside.

(2)　But white on the inside.

(3)　My skin is very smooth.

(4)　I am long.

(5)　I am a fruit.

③ペア活動2回目（3分）

役割を交換し，手順②を繰り返します。

●留意点

・手順②で，Bは写真を見ても，答えを口にしないことを事前に説明してお
きます。

・手順②でAが答えを推測できた際，答え（バナナ）を口にしてしまうこと
を防ぐため，活動手順を下図のように板書し確認しておくことが重要です。

Please explain this in English.

A: Look and explain.

→ You have a minute to explain

your sentences **(No gesture)**.

B: Close your eyes and Answer.

→ Do not mention the answer. You can just say "I got it".

活動手順

（細　喜朗）

探究学習にチャレンジ！

ノシアックプロセスで学びを深めよう！〈プロダクション編〉

所要時間：100分中の50分　準備物：探究テーマに関する英語の読解資料，ワークシート，テーマ関連資料，作成した発表資料，iPad など

「ノシアック」活動の最終パートである Act「行動する」についてです（p.70の続き）。ここまで，英語で情報を読み取って話し合いをし，考えや意見，主張や提案をまとめてきました。最後は，その内容を英語で発信し，振り返りを行います。

●活動の手順（配当2時間中の第2時）

①発表に向けての準備・リハーサル（10分）

　発表に向けての最終調整です。iPad を活用したリハーサルを行います。

・本番では原稿を参照せず，キーワードを頼りに自分の言葉を使いましょう。

・英語が苦手な生徒は，提示資料のキーワードをヒントに平易な文で話せるように助言・支援します。

・より効果的に伝える工夫についてもグループで議論させましょう。他のグループから漏れ聞こえてくる声も刺激となり，高め合い・磨き合いのエッセンスとして，発表への意識をさらに向上させます。

② Act：考えを発信する（30分）

　すべての学習活動の総括として，自分たちの学びの成果を，発表資料を提示しつつ，各グループ3分で発表します。発表の

直前には，評価の観点を確認しておきます。一方，発表を聴く時間は，評価者としての目を養います。評価の視点を持つことで，自己の発表も客観的にとらえ，改善することを期待します。

・発表を聴く際は，メモは取らず，インターバル時に発表の内容を頭の中で整理し，評価用紙に記入します。これは，発信側も受信側も，発表時には

目と耳と心で共有する集中したコミュニケーションの場にするためです。
③振り返り（10分）

　他のグループの発表から学んだことや気づいたことと自分たちの発表を終えての2点から振り返りを行います。その後，クラス全体でフィードバックを共有します。最後に，グループメンバーへの他者評価を行います。

●どう評価するのか？

　本実践のすべては，グループ型パフォーマンステストとして実践します。全ての評価は授業者T1とT2教員の複数の目により行います。活動の様子の評価は，教室を巡回しながら行う評価をベースとし，採取した映像・音声データを活用しながら，合意形成し，グループ・個人両者に対して，確定させます。発表のグループ評価は，(1)メンバーの発話量のバランス，(2)グループとしての一体感，つまり個の発表の集合体ではなく「つなぎ」や「かかわり」の感じられる一つのストーリー性があるか，(3)発表時間，(4)相互支援状況とチームワーク，を観点として，10点からの減点方式です。個人評価は，(1)一人当たりの発話量・時間，(2)アイコンタクト・目線，(3)声の大きさや間・緩急・強弱，話すスピードやなめらかさ，(4)ジェスチャーの効果的な活用などの技術を観点として，10点からの減点方式です。ワークシートへの振り返り記述も評価材料とし，右表のように合計50点満点で評価し，フィードバックします。

1	活動の様子（グループ）	10点満点	合計50点満点
2	活動の様子（個人）	10点満点	
3	発表の様子（グループ）	10点満点	
4	発表の様子（個人）	10点満点	
5	ワークシート	10点満点	

●ここがポイント！

・教科等横断的な，協働的課題解決学習にも応用できます。アクティブ・ラーニングの一つの型としておすすめです。
・汎用的な能力が向上し，慣れると驚くほどスムーズに進行可能になります。

（中島義和）

教室からできる国際貢献！

SDGs 2030 project

聞く Listening	読む Reading	書く Writing

所要時間：10〜15時間　準備物：パソコン，パワーポイントなどのプレゼンソフト，それらのソフトの使用方法を解説した資料

世界の諸問題に目を向けさせるため，これからの問題解決の担い手として生徒に主体的にその解決方法を考えさせ，それらをまとめたものを発表します。中学校の学習のまとめとなる発表活動や，高校での探究活動の入り口としても使える活動です。

●活動の手順

①日本語で調べ学習をする

　Edutown SDGs（https://sdgs.edutown.jp）のサイトを開き，生徒に興味のあるターゲットを選んでもらいます。このサイトはイラストや動画なども挿入されており，中学生でもわかりやすく SDGs について学べるサイトとなっています。17項目あるターゲットの中から一つ話題を選ぶと，生徒は自分の興味を発見することにも繋がりますし，国際的な視点を持つこともできます。

　中には興味を発見することが難しい生徒もいますが，自分の暮らしの中で興味のあることなどを考えさせるとよいかもしれません。暮らしの中の問題は，ほとんど SDGs の対象となっていることが多いです。

②原稿を作成する

　情報をインターネット上から探し出し，メモにまとめ，原稿を作成します。

　まずは，日本語で情報を探し，メモにまとめます。その後，英語に訳していく時間を取ります。ALT の先生や同じ学年の英語の先生と共に添削を行います。中学校３年生では，英語で20文を目標としています。

【原稿作成の流れ】

　前半の10文：自分で調べた諸問題についての事実を書く。

　後半の10文：その問題に対して自分ができることは何かを考え，書く。

　自分ができることは，大きなことではなく，身の回りでできる小さなこと

に目を向けさせます。

〈例〉

問題：世界の人々に安全な水とトイレの供給が不足している。

解決法：生活の中での水を無駄使いしているかを書き，水を節約して過ごす
　　　　方法を提案する。

問題：社会全体でジェンダー平等が実現できていない。日本では，男女の平
　　　　等なジェンダー意識の共有が遅れている。

解決法：偏見のない社会の実現をするために，制服のスカート廃止や，女性
　　　　校長や女性教頭の割合を増やすことを提案する。

③スライドを作成する

　パワーポイントなどのプレゼンテーションソフトを利用して，3~4枚程
度のスライドを作成します。生徒もスライド作成や写真を探すのは楽しい活
動となるため，一生懸命スライドを作成します。アニメーション効果も自由
に選ばせるとその生徒オリジナルのスライドが完成します。

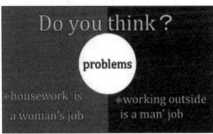

生徒が作成したスライド例

④発表する

　教室に発表するスライドが投影できることが条件ですが，生徒がタブレッ
トやパソコンを使用して，教室の前で発表します。1人当たり2~3分の発
表になりますので，40人が発表を行うには2時間必要です。

●評価基準

	内容 (content)	スラスラ (fluency)	ハキハキ (memorization)
5	問題点，自分の言いたいことをはっきりと発表できた。	一度も言い直すことなくプレゼンした。	一度も見ずにできた。
3	問題点はわかりにくいが，自分のしようとしていることをはっきりと発表できた。	言い直しは2回以内。最後まで発表した。	メモ確認4回まで。
2	問題点はとらえていた。	言い直しは5回以内。最後まで発表した。	メモ確認8回まで。
1	内容が半分以上伝わらない。	言い直しは6回以上あったが，最後まで話した。	メモを見て下を向きながら発表した。

　教師やネイティブの教師と共に，ルーブリックを基に評価を行います。それらを「思考・判断・表現」，「主体的に学習に取り組む態度」の観点で評価を行います。事前の評価基準の打ち合わせも，必ず発表前に教師とネイティブで行います。一人目の発表を評価した時点でネイティブと，評価に大きな差がないかを一度確認した後に，全員の発表と評価を行います。

●ここがポイント！

・英語力を養うだけではなく，世界で起こっている問題への意識喚起をし，他者への想像力を養うなど，様々な機会があります。
・教科の中で，事前にプロジェクトの打ち合わせ，添削や発表指導，スライド指導などの役割分担を行うことが大切です。チームで取り組みましょう。

（福井彬人）

評価観をアップデート！

「評価」に対する考え方を見直そう

　現在，学校教育の課題として注目を浴びているのが「評価」です。「社会を生きていくために求められる力（コンピテンシー）はペーパーテストだけでは測れない。だからパフォーマンステストをしよう！」という声も聞こえてきます。そのために必要な「ルーブリック評価」に関する書籍も近年増えています。しかし，果たして適切にパフォーマンステストとその評価ができるようになったとして，評価に関する問題は解決されるのでしょうか。

評価と評定は異なる

　評価に関する問題は，上述した「学びと評価が一体化していないこと」以前に存在しています。それは「評価と評定が一体化していること」です。本来成長のためでありプロセスであるはずの「評価」が，単なる数字的な結果である「評定」と一体化すると「評定＝成績をつけること」が目的化してしまいます。その結果，本来成長のために非常に必要な，とある行為がスキップされてしまいます。では，その「とある行為」とは何でしょうか。

人の成長の要件とは？

　「それ」こそ，私は人が成長するために必要なことだととらえています。多くの先生が，部活動の指導ではたくさんしているが授業ではごくわずかしかできていないもの。企業に入ってからも，上司から同僚から後輩から継続的にもらい続けるもの。それが「フィードバック」です。私たち教師が一番生徒の成長のために探究すべき教育技術だと，私はとらえています。評価をして終わり，には決してならないよう，評価のあとのフィードバックを大切にすることが，まずは評価観アップデートの第一歩です。

（芹澤和彦）

Chapter 5

ライティング［書く］の活動アイデア

検定試験対策にもおすすめ！

ピクチャーライティング

所要時間：約20分　準備物：ワークシート，フリー素材（画像・写真）

画像・写真の人物の状況を，ライティングするという活動です。生徒の「語彙・文法」の力を伸ばすねらいがあります。英検や GTEC などの対策にも繋がります。難易度の調整がしやすいので，生徒の実態に合わせた活動にできます。

●活動の手順

①絵や写真を見て，状況をライティング（15分）

　既習の文法を組み合わせて，絵・写真の人物の状況を英作文します。

・最初は１枚の絵・写真で始めて，慣れてきたら複数の絵・写真でストーリーをつくる，というように徐々に難易度を上げていきます。

・絵・写真選びは英検の２次試験問題を参考にしています。

・辞書や文法書の使用は可にしています。

・ターゲットとなる文法事項を含んだ画像を選ぶようにしています。

②生徒同士のフィードバック（２分）

　どのような語彙・文法を使用して英作文したのか，お互いに確認をします。

・同じイラストであっても生徒によって異なる表現を使っているので，新たな気づきや表現方法の広がりが生まれます。

・もし，よりよい表現やミスを発見した場合は，このタイミングで書き直しても OK です。

③教師からのフィードバック（５分）

　模範解答を示しつつ，机間巡視で見つけた「よかった表現」「共通のミス」などをここでフィードバックします。生徒からの質問や別解などもここで共有しています。

ワークシート

●ここがポイント！

・ライティングがメインの活動ですが，話す力の育成にも繋がります。イラストを見て「話す⇒書く」あるいは「書く⇒話す」，というように話す活動と組み合わせるとより効果は高いです。

・英検2次試験の問題を参考にイラストを選んでいます。準2級⇒2級⇒準1級というように，生徒の状況や英語力を見ながら徐々に難易度を上げるようにしています。

（浅野雄大）

| 聞く
Listening | 読む
Reading | **書く**
Writing |

まずは量で勝負！

ドライブ・ザ・ペン

所要時間：5分　準備物：罫線のワークシート（B6サイズがおすすめ）

日本語で文字が書けるようになってきた頃，とにかく覚えたての言葉を書いては親に見せたり絵本を書いてみたり手紙を書いてみたりしたことを覚えていますか。親や先生に見せたら「よく書けたね」とほめられた経験。誰もがありますよね。そのような母語での素敵な体験を英語に取り入れました。

●活動の手順

①授業のはじめにテーマを出題

　教師がテーマを示します。用意された2～3個のテーマから一つを生徒本人（もしくはペア）に選択させましょう。

②テーマについての意見を速記（3分間）

　タイマーをセットし，3分間で意見を書かせます。ルールは，とにかく速く書くことと消しゴムを使わないこと。

③単語数をカウントする

　タイマーが鳴ったら単語数をカウントし，文章の下に記入させます。目標は，中学3年生時点で，英語が苦手な子で20語，平均の子で40語，得意な子で60語を目指しましょう。

④ペアで交換し，コメントを記入し合う（2分間）

　ペアで用紙（またはノート）を交換し，お互いに意見を読み合い，コメントを記入し，書き方の気づきを得ます。コメントは英語でも日本語でも可。

⑤用紙を提出させ，添削

　添削時には，意味が伝わらない文のみ直します。多少間違っていて伝わる文章なら，大きな花丸やほめ言葉を書いて意欲づけましょう。

●ライティング力アップの秘訣！

1　テーマを複数にして書くモチベーションをアップ！

①週明けは "What did you do last weekend？", 週末は "What are you going to do this weekend？" を入れておくと, 習慣となり, 事前に何があったかを考えておく生徒が増えます。

②"（中1）What is your favorite ○○？" "（中2）Which do you like better, summer or winter？　Why？" "（中3）I don't think school rules are necessary in our school. What do you think？」など。テーマをあえて学習課題に合わせて発展させて出題することで, 学習課題を定着させます。

2　計画的な「型」の指導を！

"（中1）My favorite ○ is ～.（事実）It's because ～.（事実）It is ～.（感想）" "（中2）I like ○ more than △. I have two reasons. First, ～. Second, ～." "（中3）I agree with you. These are my reasons. First, ～. Second, ～. So, ～." など。

・because や when, if, I think that などの重要な表現は, 中1で教えておきたいです。表現に広がりが生まれます。

●ここがポイント！

・書く活動単発ではなく, 会話や読解, 自主学習へ繋げましょう。例えば, 同じテーマで会話をした後に本活動を行うことも可能です。

・活動後はノートの上半分に用紙を貼り, 下半分に丁寧に書き直したり書けなかったことや, 書きたかった表現を書き留めたりさせましょう。

（大西陽介）

上：シート　下：振り返り

聞くこと

読むこと

話すこと［やり取り］

話すこと［発表］

書くこと

チャット感覚で楽しむ！

SNS 風ライティング

所要時間：25分　準備物：ワークシート，ストップウォッチ

スマートフォンなどでグループ会話をしていることをライティング活動で疑似体験できます。本活動は自分の考えを英語で書き，その内容を相手が読み，返信を書く活動です。自分の書いたことに相手がすぐに反応するため，楽しみながら書く活動を実施できます。

●活動の手順

①活動の説明・グループを組む（2分）

　活動手順を板書し，お題をクラス全体で共有した後，5，6人のグループをつくります。

②個人でライティング（3分）

　トピックに関する自分の考えをワークシートに英語で書きます。

③グループ内活動（3分）

　3分後，自分の書いたワークシートを時計回りに隣の人へ回します。隣の人から受け取ったワークシートの英文を読み，相手の考えに対してコメントを書きます（右図）。

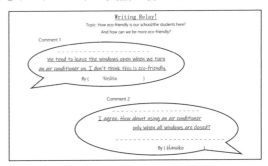

ワークシート記入例

④以下，同じ流れでグループ

　メンバーが全員コメントし，終わるまで繰り返します（手順④はグループの人数によって時間が異なります）。

⑤考えの全体共有（3分）

　最後にお題に対する自分の考えをクラス全体で共有することで，様々な表現を学ぶことに繋がります。

ワークシート

●ここがポイント！

・教師は3分ごとにワークシートを次の人に回すように声がけすると、テンポよく活動が実施できます。

・活動手順を右のように板書しておくと、スムーズに活動が実施できます。

STEP1：Make a group of 5 or 6.
STEP2：Write your ideas about the topic.
STEP3：Pass your paper in clockwise to the next preson. When you receive the piece of paper from your classmate, you need to reply to their opinion.

活動手順

（細　喜朗）

クラスが笑いに包まれる！

| 聞く
Listening | 読む
Reading | **書く**
Writing |

何ができるかな？

所要時間：50分　準備物：ワークシート

　一人ひとりがどのような内容を書くかわからないため，グループで協力して物語をつくろうとすることをねらいとします。仲間と協力して行うことで「伝えよう」という気持ちを持たせます。

●活動の手順

①グループ分け

　6人グループを組み，順番を決めます。

②インディビジュアルライティング

　教師が以下のように指示し，生徒は自分の順番（担当）のところに英文を書いていきます（1番目を担当する場合は1番のところのみ英文を記入します）。書いた内容は他のメンバーに見せないようにします。

　1回目の生徒は，登場人物（主人公），特徴，その人物が好きなことを英語で書く。

　2回目の生徒は，このストーリーの「時」「場所」を設定する。

　3回目の生徒は，登場人物（主人公）にとって悪い出来事を書く。

　4回目の生徒は，登場人物（主人公）の台詞を書く。

　5回目の生徒は，登場人物（主人公）にとってよい出来事を書く。

　6回目の生徒は，最後の結末を書く。

　※書く時間は30秒程度（あまり長いと待っている生徒が飽きてしまうため）

③グループで内容のシェア

　ここで初めてそれぞれの生徒が書いた内容をシェアし，一つの物語にします。それぞれが書いたことをとにかくグループで協力して繋げます。書いた内容だけで物語にするのが大変な場合は，情報を書き足すことも可能とします。

④グループで作成したストーリーの全体シェア

　最後に，各グループで作成したストーリーを学級全体でシェアします。学級でベストストーリーを決めるなど工夫することも考えられます。

Let's enjoy "CST"

1 _____

2 _____

3 _____

4 _____

5 _____

6 _____

ワークシート（CST）

●ここがポイント

・英文はできるだけシンプルに書きます。そうすることでまとめやすくなります。

・6つの文が繋がらない可能性も高いですが，それはそれで面白く，なんとか繋げるために生徒が努力，協力することが一番の目的です。

(鈴木洋介)

聞くこと

読むこと

話すこと［やり取り］

話すこと［発表］

書くこと

話す Speaking　やり取り　発表
聞く Listening　読む Reading　**書く Writing**

あたたかな教室環境づくり！

Can you hear？ みんなの想い

所要時間：5分　準備物：ワークシート

生徒を「読みたい」「書きたい」という主体的な気持ちにさせることがねらいの活動です。生徒の今の思い，感じていることが書かれた文を読み，自分が気に入った文にコメントを入れていきます。目安として月1回程度行います。

●活動の手順

①テーマライティング（5分）

テーマを決めて，そのテーマに沿った内容をワークシート（右図）に2～3文で書きます。その後，そのワークシートを教師が回収します。なお，ワークシートには記名しません。回収後，教師は生徒が書いた英文を添削し，正しい英文に直した上でA4 1枚にまとめます。

②テーマリーディング

教師は，生徒の英文をA4 1枚にまとめたもの（次ページ can you hear？）を，学級で配付し，それを読みます。

Can you hear?

あなたは今、何を感じていますか？何を思っていますか？　そのことを英語にしてみましょう。
スペルミス・文法ミスは問いません。どんどん書いてください。

内容例：・好きなアーティスト、芸能人、スポーツ選手などのこと
・自分の友達のこと　・クラスのこと
・好きな人、あこがれの人のこと　・高校のこと
・やってみたいこと　・最近のテレビのこと
・テストのこと　・学校や授業のこと
・将来の夢（〇年後のみんなについて）　・家族のこと
・受験のこと　・成人式に向けて
などなど、何のことでもかまいません！！

（返信を書く人はこの下にかいてください。）

To (　　　).

(オリジナルを書く人はこの下に書いてください)

(注意事項)
1　書き足りない人は裏に続けてください。
2　周りの人と相談をして書かないようにしてください。
3　名前はかかないでください。

ワークシート

Can you hear?　　33HR VERSION　Edited by Gavin M.

1　We took tests. I don't like tests. But we must take tests. I don't like social studies the most.	21　To 21: I want to shoot many kinds of guns. But I don't want to shoot very heavy and big guns.
2　To 15: I like Come Back...?, Chau##, and so on. What music do you like? I like Kei Ino. He is very cute and interesting. He looks like a girl. I like him very much. But I think all of Hey!Say!JUMP's members are very nice, too. Who do you like?	22　To 27: Me, too! But, I will go to Disneyland with my basketball teammates.
3　To 2: Wow! Which do you like more, INFINITE or SHINee?	23　To 31: Really? Why don't you love Taki? Shunpei and Taki are my wives! I love them.
4　To 20: No, I don't. I do not know your name.	24　I want to climb　Mt. Fuji. If I can climb to the top of it, I want to see a lot of stars.
5　To 1: Thank you. I saw it. It's nice. Why do you like K-pop?	25　We will have "seijin shiki" in 2020. We will be very good women and men! I want to meet future 33HR members.
6　To 14: Really? You're great. Who is your best friend?	26　To 6: Me, too.
7　To 20: No, I don't. Which are you, a boy or a girl?	27　To 5: Yes, I do. I like ANSATSUKYOSHITSU. What kind of comics do you like?
8　What do you want to do now?	28　To 27: Do you like Disneyland or DisneySea the best? How many times did you go to Disneyland and Sea?
9　To 17: I'm angry. What are you saying? Akinori is mine!! But I have an idea. Shall we share Akinori? That will make us happy.	29　To 2: Wow! Many groups. I want to listen to K-pop music.
10　I have a favorite boy. He is good at playing soccer. When he plays soccer, he looks so cool. He is the smallest of all the boys in 33HR. His name is H... Shall we go to the park together? Let's have fun.	30　To 27: I like Disney, too. I have been to DisneySea once, but I don't remember it. So I want to go there with 33HR.
11　To 4: Me, too. And I want to watch the movie "Born in the EXILE". I'm interested in it. How about you?	31　I like Hakone Ekiden. This year, AOGAKU got the best score. And I thought Mr. Kubota of AOGAKU is very very cool!!
12　To 6: Me, too. It is very important for me to talk with my classmates and to have study time with them.	32　To 12: Because Akinori is cool and beautiful. How about you?
13　To 23: I think so, too. I like 33HR very much!! I want to go to Okinawa with the 33HR members. I think it will be fun!! I want to eat food in Okinawa.	33　To 17: Wow wow wow. I'm shocked. I'm sad. But it's a fishy story.
14　To 31: Yes. But I think Taki is a very handsome student in 33HR. I think Taki is a perfect boy for girls.	34　To 12: Because he is a very very cool boy and he makes me smile. What do you think of Mr. Akinori?
15　I'm looking forward to going to Seijinsiki, because I can meet friends and teachers. And I think my friends will have changed from now. I will talk about school life with friends and teachers.	35　To 17: Oh no. But I love them more than you. Akinori is loved by you. Akinori likes you. Akinori loves me!! I love Akinori!!　So there is no problems.
16　To 23: I think so, too. I want to say to my classmates, "Thank you".	
17　Shall we play (遊ぶ) when we get to senior high school?	
18　To 20: Be careful your health. Are your　イニシャル s R.T.?	
19　I saw Kinsei and Mokusei on January 9th. They were very beautiful. There were a lot of stars, too. Kinsei and Mokusei and a lot of stars were very good.	
20　We will have a 受験. I'll do my best.	

Can you hear？

●留意点

・生徒は無記名で英文を書きます。2回目以降，この活動をする際に，誰が書いたのかわからないというのも読む面白さに繋がります。

・生徒は，上図を見た際に，教師が添削した正しい英語を読みます。これが暗示的に自分のミスに気づくタイミングとなり，正確性が上がります。

・教師のコメントも書くことが大事です。生徒は自分の英文に対してのコメントが気になるもの。シンプルなコメントでも，モチベーションアップに繋がります。

●ここがポイント！

・生徒は伝えたいと思ったことを書くことが大切です。間違いを気にすることなく書かせることが大切です。そのためにも教師は生徒が「書きたい」「伝えたい」と思えるようなテーマを設定することがポイントです。

・回収した際，教師は生徒の英文を添削します。　　　　　　　　（鈴木洋介）

話す	やり取り
Speaking	発表

聞く	読む	書く
Listening	Reading	**Writing**

ミッションポッシブル

所要時間：50分　準備物：スライド（ピクチャーカード），ワークシート

教科書の導入や発展活動として行うストーリーリテリングの活動です。自分が聴いた情報のメモ（キーワード）を取り，その情報を基にグループメンバーにその内容を伝える。この活動を通し，相手に「伝えよう」という気持ちを持たせることが一番のねらいです。

●活動の手順

① 教師の事前準備

　教科書または初見のストーリーをスライド（ピクチャーカード）にして1セット準備しましょう。

② グループワークリテリング（1人目）

　各グループから一人，廊下へ行き，教師からストーリーを聞きます（教師はピクチャーカードを用いながらストーリーの1/4を英語で伝えます）。このとき，生徒には必要に応じてメモを取らせましょう。

　聞いた話をグループに戻り，メンバーに英語で伝えます。

③ グループワークリテリング（2人目〜4人目）

　②と同様に，教師はストーリーの2/4に当たる箇所を英語で伝えます。生徒は聞いた話をグループに戻り，メンバーに英語で伝えます。これを，3人目・4人目と繰り返します（3人目はストーリーの3/4，4人目はストーリーすべて）。

④ 文字起こしライティング

　すべてのストーリーを聞いた後，グループ全員で文字にまとめて文字起こしをします。

●留意点

・英語に自信がない生徒は1回目や2回目に行うのがいいでしょう（回数が後になるほど，英語を聞く量，リテルする量が増えるため）。

・グループのメンバーにリテルする際は，メンバーからの質問も行うことで，リテルを充実させることが可能です。

・完璧に聞いたり伝えなくてもよいということが大事です。すべての活動が終了した後，実際に教科書を開き読ませると，すべての領域を統合した活動になります。

ワークシート

●ここがポイント

・グループで行うことで，「メンバーに伝えたい」という気持ちが湧いてくるため，「伝える」ために一生懸命聞こうとする姿勢が生まれます。

・仲間と協力することでストーリーの大まかな内容を確認することができます。

(鈴木洋介)

121

英作文の力がぐんぐん伸びる！

ニュースペーパーライティング

所要時間：15分　準備物：新聞の投書欄のコピー

新聞の投書欄（一般読者からの意見）を使い，生徒に読ませ，その内容に対して意見や感想，立場を表明することで意見を書かせる活動です。普段新聞を読まない生徒にも読む機会を与え，それに対して自分の意見をどのように書くのかを調べることで，語彙力や表現力を伸ばす活動です。

●活動の手順

①投書を選び，読ませる

　生徒が意見を出しやすい投書を切り取り，コピーで配るか黒板やディスプレイに貼り出します。生徒はまず日本語で読み，それに対する意見を述べるための準備をします。

②意見を述べるため日本語でメモを作成

　まずは，日本語で自分の考えをメモします。そこでは，Point（結論），Reasons（理由），Examples（例），Point（再度結論）のように筋道を立ててメモをさせたり，アイデアマップを使ってたくさん考えを書かせたりします。いろいろな話題を提示することで，生徒は世の中に少しずつ興味を持つはずです。

③日本語でまとめた内容をできるだけ簡単な日本語に直して，英語に変換

　内容を英語にまとめていきます。一度簡単な日本語に直す作業が必要であることを根気強く教え続けることは，将来英作文や英会話をする際に，非常に大切になってきます。

> 例）
> ・これから重要になってくる（英語で何て言う？）
> 　→大切になるだろう
> 　　→（will become important）
>
> ・国民の安全を守る（英語で何て言う？）
> 　→人々が安全に生きることができる
> 　　→（People can live safely.）

学校にスマホは必要　○○○○（中学生 14）

私は学校にスマホを持っていく必要があると思います。なぜなら、スマホを使えば色々なものを調べる事ができるからです。授業中分からない事があれば先生に聞くと思いますが、簡単に聞ける事もあるかもしれませんが、一聞くとわざわざ質問をして授業を止めてしまう事もあります。「こんなことも分からないから」と質問する事が恥ずかしいのでそのまま分からないまま終わってしまったりもするかもしれません。でも、スカマホがあれば、その場ですぐに調べられるので、こんな事もなくなります。また、皆の前でスマホがあると色々な事ができますが、私は下校中に危険な事がある時など、親に連絡する事でその危険な事を持ちまっていく必要があると思います。がすまきれますかな、しいのです。

Write your opinion in Japanese!
（記事の話題に対して，どう思うかを日本語で書く）
　　　Point(私はこう思う)：＿＿＿＿＿＿＿
　　　Reason(なぜそう思うか)：＿＿＿＿＿
　　　Example(だってこうだから)：＿＿＿＿
Point(なので，私はこう思う)：＿＿＿＿＿

Write your opinion in English!
＿＿＿＿＿＿＿＿＿＿＿＿＿＿＿＿＿＿＿＿
＿＿＿＿＿＿＿＿＿＿＿＿＿＿＿＿＿＿＿＿
＿＿＿＿＿＿＿＿＿＿＿＿＿＿＿＿＿＿＿＿

●留意点

　扱う投書に関しては，新聞社によっては著作権上の許可が必要になるケースもあります。扱う新聞社に事前に授業内で使用してもよいか，問い合わせておくことを勧めます。

●ここがポイント！

・投書には，在住地，名前，年齢が載っていますが，同年代の中学生が投稿している投書を扱うと，生徒の読むことへの関心は上がります。

・最初は難しい活動に感じますが，継続すると社会的な話題について興味の幅が広がります。また生徒が英語で書けなくても，そのことについて意見を考えたりまとめたりすることは，大切なことです。

・個人情報保護の観点から，投稿者の方の名前は匿名のほうがよいかもしれません。教室内の使用のみ許可している新聞社もありますので，十分注意してから活動を行ってください。

（福井彬人）

いつでも使える万能活動！

キーワード・クリエイティブ ライティング

所要時間：25分　準備物：ワークシート

既習の表現を使って自由英作文を行う活動です。習った表現を教科書の中だけの理解に留めるのではなく，文脈に応じた適切な表現の選択を意識しながら実際に自分で使ってみることで，「正しく使える表現」を増やしていくことに繋がります。

●活動の手順

①エッセイ構想（5分）

　既習の表現リストが記載されたワークシートを教員から受け取ります（ワークシートは次ページの例参照）。

　与えられたテーマに関して，どんな内容を書くか，ターゲットとなる表現をどのように使うかなど，構想をワークシートの "Brainstorming" の部分に書き留めます。

・「冬休みの思い出」「将来の夢」「最近読んだ本」「友人の紹介」など，時季に合ったテーマや生徒にとって身近なテーマを選ぶと，書きやすいです。

②エッセイライティング（15分）

　構想に基づいて，ワークシートにエッセイを書きます。その際，辞書を使わずに，知っている単語や自信をもって使える表現を書くように促します。

・構想の時間と書き始める時間を明確に分けることで，「何も考えずに書き始める」「いつまでも構想していて書き始められない」のどちらも防ぐことができます。

・「リストの中から最低3つは使う」「なるべく多く使う」など，具体的な目標を設けるのも Good！

③ペアでエッセイを読み合う（5分）

　ペアでエッセイを交換し，お互いに読み合ってひと言コメントを書きます。

スペルミスなども発見したら指摘し合い，必要に応じて修正をした後，提出します。その後，教員が添削をし，返却します。

・「いいね！と思ったところを伝えよう」などの声かけでポジティブなフィードバックを促すことで，表現することに自信を持つことに繋がります。

●苦手意識の払拭を

　英語で表現することに苦手意識を持っている生徒にとって，書くことへの抵抗を少なくする工夫が必要です。テーマの選び方や生徒間でのポジティブなフィードバックに気をつけるのに加え，教員添削でもすべての間違いではなくターゲットとなる表現のみに焦点を当てて指摘を行い，そのうえで内容に関するコメントをするなどして，生徒の「書けた！」という自己肯定感を育てる活動とすることを意識して行いたいです。

English Expression I　"Write an essay on your winter!"

Class (　　) No. (　　) Name (　　　　)

Rules: You have to use as many expressions as possible in the box below.　(Circle the ones you used)

・関係詞（which, who, where, when, why, what）　・for the first time in 〜　・by　・by the time　・until
・時間 + after / before 〜　・thousands of 〜　・分数　・〜年代　・〜世紀　・I wish [wished]　・as if 〜
・If it were not [had not been] for 〜　・the 比較級 SV, the 比較級 SV　・〜 than I had expected

Brainstorming

Writing

_____

_____

_____

_____

_____

_____

_____

_____

Comments

ワークシート

●ここがポイント！

・自己表現をしながら，「知っている表現」を「使える表現」に変えていくことができます。

・個人での活動時間が多いため，自宅学習の課題としてや，呼び出し式のパフォーマンステストの待ち時間などにも行いやすい活動です。　　（西川　光）

勝手に文型が身につく！

ダウトゲームで語順習得

所要時間：ダウトゲーム35分，英訳15分　準備物：ダウトゲームカード，使用される英文の一覧（英語・日本語バージョン），ライティングシート

英語の第4文型や第5文型など，語順が複雑な英文を繰り返し言う練習をすることで，ライティング力向上を目指す活動です。トランプのダウトゲームをアレンジしました。負荷を与えていくことで英語上級者の生徒も楽しんで練習することができます。

●活動の手順

①グループ分けと順番決定（5分）

　4～5人のグループに分け，ジャンケンに勝った生徒から時計回りか反時計回りか先生が指示を出します。1ゲームごとにメンバーを変えましょう。

②ダウトゲーム（30分）

〔ダウトゲームルール〕

(1)練習する英文を，以下のようなカードにします。同じ単語は3枚ずつほどにしていますが，多少枚数がバラバラでも問題ありません。

　　①②③…はカードを出す順番です。必ず書く必要はありません。

① I	② gave	③ him	④ a big ball.	
⑤ She	⑥ sent	⑦ a letter	⑧ to him.	
⑨ My mother	⑩ made	⑪ lunch	⑫ for	⑬ me.

(2)一覧表をプリントで用意して，生徒に配付するか黒板に貼ります。

　プリントの場合は，裏に日本語バージョンを印刷します。

(3)各グループ1番目の人から上記英文であれば "I" と言ってカードを裏向けに1枚出し，次の人は "gave" と言って裏向けに1枚出します。次の人が "him" と言って出すというように，以降順番に a big ball. → She → sent → ……と繰り返してカードを出します。もし出すべきカードがない場合は他

の人にバレないように「嘘をついて」カードを出します。

(4)出されたカードが言われた語と違うと思ったら，カードを出した人以外の１名が「ダウト」と言います。

(5)ダウトと言われたカードを表にします。

・カードを出した人が言った単語のとき→「ダウト」と言った人がそれまでに出されたカードをすべて引き取ります。

・カードを出した人が言った単語と違うとき→「ダウト」と言われた人がすべてのカードを引き取ります。

(6)英文を１周したら，また最初から繰り返します。

(7)ある程度したら各グループの１位，２位，……で決勝戦をするなど，対戦相手を変えて繰り返します。

(8)英文に慣れてきたら，日本語のヒントだけ見てダウトゲームをします。

③練習した英文を並べ替え→日本語を英訳にする，の順番で書かせる(15分)

●ここがポイント！

・ゲームが盛り上がるように２枚を一気に出すなどルール変更ができます。

・手持ちのカードの枚数は他の人に見せるようにしたほうが揉めごとは減ります。

・１人５枚か６枚カードを持つくらいの枚数で英文とカード枚数を作成するといいです。ジョーカー代わりのカードを入れて何にでも使えるようにしておくとさらに盛り上がります。

（米田理英）

相手意識で文章が磨かれる！
即興交換日記

所要時間：5分　準備物：ワークシート

交換日記の文章を通じて，生徒がペアで対話する活動です。書いた文章を読む相手がいることで，書くことが苦手な生徒のモチベーションになります。文章構成を考えたり，わかりやすい英語表現を使ったりするなど，他者を意識した文章を書くトレーニングになります。

- -

●活動の手順

①ペアに1枚ずつワークシートを配付

　1ペアに1枚ずつ日記帳代わりとなるワークシートを配付します。

②毎時間のペアのうちの1人が日記を記載＋ペアの生徒へ渡す

　毎時間ペアの片方が日記

ワークシート

を書きます。内容は，最近の出来事や自分の気持ちなど，自由に決めていいです。ただし，日記の最後の文を質問文で終えるよう指示します。書き終わったら，ペアの生徒へワークシートを渡します。

③次の生徒は，次の時間の最初に②と同様の活動

　ペアの生徒は，②で渡された日記を次の授業まで持っています。ワークシートを事前に読んで，授業前に質問への答えを考えてきてもいいです。授業で質問に対する答えと自分の日記，そしてペアの生徒への質問を書きます。

④5回でペア交代

　一つのペアでのやりとりを5往復したら，ペアを交代します。交代のとき

にワークシートを回収し，教師がその文章を確認し評価します。評価基準は，時系列や起承転結を意識した文章のまとまりや表現のバリエーション，多くのトピックに関して質問ができていたり，Yes/No 以外で答えることができる質問ができていたりするなど，相手への質問の質になります。

●効果的な交換日記のために……

・苦手な生徒も活動できるサポート

文章を書くことが苦手な生徒がいる場合，教科書に出てくる疑問文をまとめたプリントなどを配布してもよいでしょう。相手に文章を読まれることに恥ずかしさを感じて積極的に活動に取り組めない生徒がいる場合，誰をペアにするか配慮しましょう。

・得意な生徒への声かけ

得意な生徒は，ペアの生徒の質問に対して，回答の理由や具体例を述べるなど，できるだけ内容を深めて書くように促します。また，自分の答えに関連する質問をつくらせることで，相手を意識したやりとりをすることができます。

・人権感覚のあるライティング

誰かの悪口や不満など，不快な思いをさせる文章は書かないように事前に指導しましょう。

・スキマ時間をつくらない

日記を書いていない生徒には別の活動をさせましょう。副教材の問題や英作文など，ライティング活動にすると日記を書く生徒の集中を切らしません。

●ここがポイント！

・ペアのやりとりでよい交換日記ができたペアは，全体に共有しましょう。よい文章を真似ることが英語ライティングのレベルアップに繋がります。

・質問は「みんなが知らない相手の情報を引き出す」ことをゴールにするのがおすすめです。情報を引き出すことができる質問を工夫することができます。

（渡部　諒）

聞くこと

読むこと

話すこと［やり取り］

話すこと［発表］

書くこと

他教科と連携して取り組む！

紙芝居をつくろう

所要時間：50分×8コマ程度　準備物：物語, 画用紙, カラーペン, iPad

日本語で書かれたそんなに多くない分量の物語をグループで一つ選び，紙芝居を作成します。日本語版を英語に翻訳する活動と物語の内容から紙芝居にする場面を選択し作成する活動（美術科とコラボ），完成した紙芝居を発表する活動から構成されています。

●活動の手順

①活動の概要を理解する（第1時）。

②作品を選び，英訳の担当を決め，英訳する（第2・3時）。

③紙芝居の絵を作成する場面を選択し，担当を決め，ラフスケッチを描く（第4時：美術科）。

④紙芝居の絵を作成する（第5・6時・美術科）。

⑤紙芝居の絵と合わせながら発表の練習をする（第7時）。

⑥紙芝居発表会と振り返りを行う（第8時）。

●活動の実際

　実践では，『Frog and Toad are friends』（がまくんとかえるくん）を扱いました。6人から成るグループで物語の中から一場面を選び，紙芝居を作成します。本活動の特徴は，以下の4点に集約されます。

①「先を見通す力」「協働性」の育成

　限られた時間の中で各ステップの活動を遂行していくためには，先を見通す計画性が必要です。リーダーを中心に時間への意識を高める姿が見られました。また，活動をつつがなくこなしていくために，グループの構成員それ

ぞれがもつ英語力を考慮しながら，担当を決めていました。また，適宜，英語が得意な生徒が苦手な生徒をサポートする姿が見られました。

②表現の工夫

　表現の工夫という側面からは，日本語特有の擬態語や擬声語をいかにして表現するかを悩んだり，表現しにくい日本語を英語に変換しやすい日本語に置き換える「和文和訳」を試行錯誤しながら体感したりしていました。

③他教科の学びの応用と学びの連続性の実感

　紙芝居の絵の作成は美術科の担当です。本活動は，中学2年生で実践したのですが，その当時学習した「モダンアートテクニック」を応用して，絵を作成することになりました。紙芝居の絵には，美術科での学習の跡が見られます。また，学びの連続性という側面は，本活動の物語が小学2年生の国語で学習した「お手紙」という既習教材にあるところにあります。かつて学習した教材のシリーズを扱うことで，学びが繋がっていくことを実感しているようでした。このように，生徒の学びを「縦にも横にも繋ぐ」ことはとても大切なことだと感じていますし，生徒たちにも「どの学習も大切で意味がある」ことを実感してもらうよい機会になったと思います。

④さらに欲張って―英語学習の意義やちょっとした「社会経験ごっこ」を

　この学習活動を会社活動（紙芝居作成会社）として行いました。会社名や会社のロゴと役職も考えさせ，なぜそこに至ったのか理由も英語で説明させます。会社にすることで，ちょっとワクワクしているようでした。お店屋さんごっこのような感覚です。仲間とワイワイ一つのものを創り上げていく感覚を英語の授業の中でできることは幸せなことです。

●ここがポイント！

・活動は生徒が「ワクワク」することが大切です。これだけの時間を生み出すことは大変ですが，期待以上の主体的な学びが生徒にはもたらされます。
・紙の辞書と iPad フル稼働です。アナログとデジタルそれぞれの「よさ」を体感しつつ，実践的に活用力を高めることができます。　　　（中島義和）

教科書を100%活用する！

なりきりライティング

所要時間：50分　準備物：ワークシート or ノート

中学校の教科書は，多くの題材が登場人物たちの対話形式で構成されています。なりきりライティングでは，ある登場人物の視点に絞り，対話文からモノローグの形に書き替えます。I を主語にして書くので，中１の初期から行える活動です。

●活動の手順

①教科書本文を音読

　「なりきりジェスチャー演読」（p.52参照）で音読練習をし，英語の音声と意味を繋げます。

②マッピング

　読んだ内容を基に，マッピングで情報を整理します。

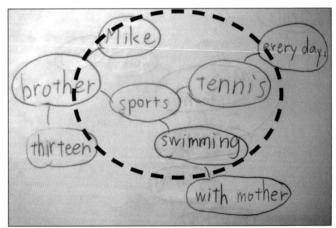

家族紹介のマッピング。◯の中は教科書にあった情報。
◯の外は生徒がオリジナルで足した情報。

③なりきりスピーチ

　マッピングで整理した情報と，自分がオリジナルで考えた情報も加えて，スピーチをします。ペアを替えながら，数回練習をします。

④なりきりライティング（ラフ・ドラフト）

　話した内容を基に，まとまりのある文章を書きます。

⑤グループで回し読み（4人分程度，一人当たり1～2分ずつ）

　色ペンに持ち替えて，クラスメイトの書いたものを読みます。読み手を巻き込むような質問や，ユニークなオリジナル情報が入っている場合は，「いいね！」の気持ちを込めてコメントや花丸を送ります。

　また，各自が気づいたエラーを，正しい表現に書き換えます。スペルミスや語順の違いに気づき，互いに修正し合えるのがライティングのよさです。

⑥再修正（ファイナル・ドラフト）

　自分のノートが戻ってくると，生徒たちは食い入るように読み始めます。自分の書いたものにクラスメイトがどんなコメントをしたのか，どんなエラー修正があったのか，興味津々です。クラスメイトからもらった朱書きから，自分の修正点も明確になります。

　さらに，クラスメイトの文章を読むことで，「あの書き出しを真似してみよう」，「面白いオリジナルアイデアがあったな，僕も入れてみよう」と，生徒たちは考え出します。触発が生まれる瞬間です。それらを踏まえて再度，ファイナル版を新しいページに書きます。

●ここがポイント！

・回し読みには2つの効果があります。一つはミスに気づく力。もう一つはクラスメイトのいい表現から触発を受けることです。

・修正は，「消しゴムで消さなくていいよ」と伝えています。あえてミスを残しておくことで，自分のミスのパターンをパッと見てわかるように記録しておくことができるからです。ノートを見返したときに，「ああ，そうだ，よく三単現のsを落としてしまう。気をつけよう」と考えられます。

（井上百代）

聞くこと

読むこと

話すこと［やり取り］

話すこと［発表］

書くこと

自律的学習者への道！

自己調整ライティング

所要時間：10分　準備物：ライティングノート

チャイムのなり始めと共に3分間ライティングし，振り返りを書き，前回の振り返りに対して教師がフィードバックを与えるという一連の活動です。帯活動として定着すると，書く力が必ず伸びる効果的な活動です。ICT も駆使することで英語力を伸ばしたい生徒はどんどん練習に励みます。

●活動の手順

①お題の提示

　生徒にお題を伝えます。生徒が書くタイミングを自己決定できるように，直前の授業が終わったタイミングで生徒にお題を提示しましょう。ICT を駆使して予約配信をすることも可能ですし，ICT がない場合もその月のお題一覧表を事前に渡しておくことで，生徒が主体的に作文をする気持ちを育むことが可能です。

②3分間ライティング（3〜5分）

　チャイムの鳴り始めとともに教師は3分間測り，生徒たちはライティングノートに書き始めます。どの生徒も最低3分間は集中してライティングを行うことになります。

・チャイムが鳴り終わるタイミングで書き始めていない生徒には必ず声をかける習慣を。「チャイムが鳴るときには書いている」を習慣にしましょう。

・書いている間は雰囲気のよい洋楽をかけましょう（歌詞がわからないほうがよい）。生徒のライティングへの負担感を軽減させることができます。

③語数の記録と日本語での振り返り（5分）

　生徒は語数を数え，ノートの続きに語数を残しておきます。その後，日本語で振り返りを書きます。次に繋がるよう，具体的に振り返りを書くように促します。

・よくある失敗は，振り返りが感想で終わってしまうパターンです。「難し
かった」などの表面的な感想ではなく「何が難しかったのか」「どんな表
現を使おうとしたのか」「今後はどんな文法を使ってみたいのか」などを
具体的に書けるように促していきましょう。

④写真をとって提出

　ICT 使用が可能であれば，その日書いたノートをこのタイミングで写真に
とって提出させましょう。毎回ノートを回収すると，時間がもったいないの
で，この写真をもって提出替わりとなります。

・添削は，希望者のみ行います。望まない生徒が単語や文法の添削をされ続
けると，苦手意識を増幅させると共に，過度に正確性を求め，消極的なコ
ミュニケーションをとるようになってしまいます。

⑤前回の振り返りに対するフィードバック

　前回の振り返りの中から，全員で共有したいものを，名前を伏せて共有し
ます。このときの観点はいくつかありますが，ここでは 2 つ紹介します。

　　1　○○は英語で何という？

→「○○をどう表現すべきかわからなかった」と書く生徒がいます。考えご
たえのあるもの（日本語独特の表現や本文内容に関するもの）を取り上げ，
全員で考えます。パラフレーズ力を養う練習になります。

　　2　みんなにも真似してほしい振り返り方

→具体性の高い振り返りを共有しましょう。例えば，「文法がわからなかっ
た」ではなく，「比較級を使ってみたい」となるほうがより具体的です。

●ここがポイント！

・"Could you explain part 2 & 3 on the textbook ?" など，教科書に関連した
お題を出すことで，書くことによるリテリングを行うこともできます。

・このとき教科書を開いてもよいこととします。苦手な生徒もじっくり読む
ことができ，また，パラフレーズの指導にも繋げることができます。

（芹澤和彦）

聞くこと

読むこと

話すこと［やり取り］

話すこと［発表］

書くこと

おわりに

　この度は，本書を手に取っていただき，ありがとうございます。「授業デザインワークショップ～生徒の主体性を高める授業デザイン～」を一緒に運営してきた浅野雄大先生とともに，私を含めた全国に広がる11名の教員の自信のある活動を纏め，合計55個の活動をご紹介することができました。

同じ活動は一つとして存在しえない

　本書を纏める担当者として，私には心配していたことがあります。

　それは「活動が重なってしまったらどうしよう」という焦りです。時間をかけてご執筆していただいた活動が重なったとき「『すみませんが活動が重なってしまったので別の活動をご紹介していただけますか』と伝えるなんてできないぞ！」と真剣に思いました。しかし，その焦りは取り越し苦労でした。

　ご提出いただいたすべての活動を拝読したとき，気づいたことがあります。

　「同じ種類の活動があったとしても，それは同じ活動ではない」ということです。

　「いや，似たような活動あるでしょ」とツッコミを入れる方もいらっしゃるかもしれません。しかし，似ている中でも，手順一つで違いがあったり，先生方が重点を置かれている箇所が異なっていたり，必ず違いがあるのです。

　また「これは自分もやっているな」と思う活動もありました。しかしよく読むと，自分が今まで意識してこなかったポイントについて書かれていたり，読む中で別のアイデアが出てきたりと，表面を流し読みするだけでは得られない学びがあり，大変興味深く拝読させていただきました。

　そもそも，自分が行っている活動でさえ，たとえ同じ活動をしていても，扱う言語材料によって生徒へのフィードバックの内容は異なります。また，

日々変わる生徒の状態によっても臨機応変に活動の一部を変えることもよくあります。ということは，「同じ活動」というものは存在しえないものなのだ，ということに，今さらながら気づきました。

　読者の皆様におかれましては，もし「自分もこの活動している！」と思われた際には，ぜひ，ご自身の活動の手順や意識しているポイントと比較し，目の前の生徒たちに適した形でブラッシュアップしていただければ幸いです。

技能の統合と総合

　本書の執筆において，執筆者の多くの先生方が苦心されたことがあります。

　それは，「技能別」の活動に分けることが難しい，ということです。

　技能統合型の授業をされているためです。

　今回はあえてわかりやすくする形で，統合された技能の中でも特に重視している領域を取り上げて紹介していますので，一つ一つの活動が基本的には技能統合型であることをご留意ください。

　語彙習得の観点では，言語活動の中で言語材料を学ぶことを「付随的学習」と呼びます。この付随的学習は，時間がかかり，効率的ではないというデメリットがあげられます。だからこそ，読者の先生方におかれましては「言語活動型の授業」を展開することの良し悪しを，目の前の「数値的成果」だけで判断するのではなく，言語活動の中でコミュニケーションを紡ぐ生徒たちの変容を観察することで判断していただきたいと思います。

　言語領域のバランス（技能の総合）や説明などのフィードバックも考慮し，生徒の英語力を高める手助けにしていただけると，執筆者一同，これ以上の幸せはありません。

本書の締めくくりとして，共同執筆者の浅野雄大先生ならびに全国9名の先生方，立命館小学校の正頭英和先生，明治図書の林知里さん，いつも応援してくださっているすべての方々，そして，まだまだ不甲斐ない自分の授業を受けてきてくれたすべての生徒たちに，この場をお借りして感謝申し上げます。まだまだ課題は山積みですが，これからも力を合わせて進みましょう。

　いつも笑顔と活力を分けてくれる家族のみんなに，最大限の愛を込めて

2021年6月

大阪高等学校

芹澤　和彦

執筆者一覧 (執筆順)

正頭　英和　　立命館小学校

浅野　雄大　　神戸市立須磨翔風高等学校

中島　義和　　広島大学附属東雲中学校

大西　陽介　　東海市立名和中学校

米田　理英　　麹町学園女子中学校高等学校

細　　喜朗　　早稲田大学本庄高等学院

福井　彬人　　堺市立三原台中学校

井上　百代　　川崎市立井田中学校

渡部　諒　　　日光市立今市中学校

西川　光　　　京都市立堀川高等学校

芹澤　和彦　　大阪高等学校

鈴木　洋介　　前焼津市立大井川中学校

【編著者紹介】

浅野 雄大（あさの ゆうだい）

神戸市立須磨翔風高等学校教諭（英語科／教育科）。キャリアセンターチーフアドバイザー（進路指導部長／総合学科推進部長）。筑波大学大学院教育研究科修了。神戸市立神港高等学校（閉校）を経て，現職。2013−14年に文部科学省・外務省主催，日本人若手英語教員米国派遣事業（デラウェア州）に参加。2019年より Microsoft 認定教育イノベーター（MIEE）として活動中。

芹澤 和彦（せりざわ かずひこ）

大阪高等学校英語科教諭。探究コースカリキュラムマネージャー。立命館大学大学院言語教育情報研究科修了。京都市立堀川高等学校にてキャリアをスタートさせ，複数校勤務したのち，現職。EF Excellent Award in Language Teaching 2019にて Japan Finalist ＃2に選出。また，2019年より Microsoft 認定教育イノベーター（MIEE）として活動中。

〔本文イラスト〕木村美穂

中学校・高等学校
4技能5領域の英語言語活動アイデア

2021年9月初版第1刷刊 2024年1月初版第4刷刊	©編著者	浅 野 雄 大 芹 澤 和 彦
	発行者	藤 原 光 政
	発行所	明治図書出版株式会社

http://www.meijitosho.co.jp

（企画）林 知里 （校正）井草正孝

〒114-0023 東京都北区滝野川7-46-1
振替00160-5-151318 電話03(5907)6703
ご注文窓口 電話03(5907)6668

＊検印省略 　　組版所 株式会社木元省美堂

Printed in Japan 　ISBN978-4-18-355028-6
もれなくクーポンがもらえる！読者アンケートはこちらから →

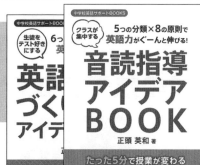

授業は決して手を抜かない。
でも、教師の負担は軽くできる。

60の技で4技能を圧倒的に伸ばす
英語授業の裏ワザ指導術

正頭英和 著

A5判・144頁・定価2,310円（10％税込）
図書番号 1896

多忙を極める学校現場だからこそ、授業づくりには「工夫」が必要だ。生徒の力を最大限に伸ばしつつ、かつ教師の負担を少なくする効果抜群の"裏ワザ"を多数紹介。子どもたちを授業に集中させ、4技能を伸ばし、さらに手間をかけずにうまくいく英語授業の秘訣を大公開！

Chapter 1
規律ある環境が学力を伸ばす！
授業に集中させる裏ワザ 16

Chapter 2
技能別でよくわかる！
授業を成功に導く指導の裏ワザ 37

Chapter 3
できる先生はココが違う！
多忙解消の裏ワザ 7

教師の負担を軽くする！

60の技で4技能を 圧倒的に伸ばす

英語授業の裏ワザ指導術

正頭 英和 著

小・中・高
どこでも使える
アイデアが
満載！

明治図書

明治図書　携帯・スマートフォンからは **明治図書 ONLINE へ**　書籍の検索、注文ができます。 ▶ ▶ ▶
http://www.meijitosho.co.jp　＊併記4桁の図書番号（英数字）でHP、携帯での検索・注文が簡単に行えます。
〒114-0023　東京都北区滝野川7-46-1　ご注文窓口　TEL 03-5907-6668　FAX 050-3156-2790